Conversación en el Espíritu, discernimiento y sinodalidad

Colección El Pozo de Siquén

469

Juan Antonio Guerrero Alves, SJ
Óscar Martín López, SJ

Conversación en el Espíritu, discernimiento y sinodalidad

Prólogo del papa Francisco

QUINTA EDICIÓN AMPLIADA Y ACTUALIZADA

 SALTERRAE

Imprimatur:
✠ Manuel Sánchez Monge
Obispo de Santander
21-7-2023

Diseño de cubierta:
Félix Cuadrado Basas (*Sinclair*)

Fotocomposición:
Marín Creación, S. C. – Burgos / www.marincreacion.com

Impreso en España. *Printed in Spain*:
ISBN: 978-84-293-3293-3
Depósito legal: BI-1349-2025

Impresión y encuadernación:
Gráficas Fernan – Bilbao (Vizcaya) / graficasfernan.com

Índice

Adsumus Sancte Spiritus

Estamos ante ti, Espíritu Santo,
reunidos en tu nombre.
Tú que eres nuestro verdadero consejero:
ven a nosotros,
apóyanos,
entra en nuestros corazones.
Enséñanos el camino,
muéstranos cómo alcanzar la meta.
Impide que perdamos
el rumbo como personas
débiles y pecadoras.
No permitas que
la ignorancia nos lleve por falsos caminos.
Concédenos el don del discernimiento,
para que no dejemos que nuestras acciones se guíen
por prejuicios y falsas consideraciones.
Condúcenos a la unidad en ti,
para que no nos desviemos del camino de la verdad y la
    justicia,
sino que en nuestro peregrinaje terrenal
nos esforcemos por alcanzar la vida eterna.

Esto te lo pedimos a ti,
que obras en todo tiempo y lugar,
en comunión con el Padre y el Hijo
por los siglos de los siglos. Amén[1].

---

[1] Oración de invocación al Espíritu Santo para una asamblea eclesial de gobierno o discernimiento, es decir, sinodal (https://bit.ly/44sRXkj). Cada sesión del Concilio Vaticano II comenzó con la oración *Adsumus Sancte Spiritus*, las primeras palabras del original latino que significan: «Estamos ante ti, Espíritu Santo», que se ha utilizado históricamente en Concilios, Sínodos y otras reuniones de la Iglesia durante cientos de años, siendo atribuida a san Isidoro de Sevilla (560-636).

Prólogo del papa Francisco[1]

Vaticano, 21 de julio de 2023

Queridos hermanos,

Les agradezco que hayan compartido conmigo este libro antes de su publicación. Tal como cuentan en la introducción la historia del libro, veo que Óscar ha logrado arrancar a su compañero del mundo de la economía en el que lo habíamos atrapado en esta casa, para devolverlo a temas más espirituales[2]. Es bonito que de la conversación espiritual de sus autores haya nacido un libro sobre la conversación en el Espíritu.

Aunque en el libro tratan sobre todo de la conversación en el Espíritu, que es la metodología adoptada en el camino sinodal, aprecio mucho que no se queden en el método y su funcionamiento. Veo con satisfacción que ofrecen suficientes referencias históricas para que el lector pueda captar la profundidad y todo lo que pone en juego este método, para convertirse realmente en una experiencia de escucha del Espíritu. Ponen de

---

[1] El prólogo fue escrito para la primera edición cuando aún no se había celebrado la primera sesión del Sínodo.
[2] El P. Juan Antonio Guerrero Alves, SJ, fue prefecto de la Secretaría de Economía del Vaticano desde el 14 de noviembre de 2020 hasta el 30 de noviembre de 2022.

relieve que el método sinodal es una experiencia espiritual, en la que el hablar y el escuchar buscan que el Espíritu Santo sea el verdadero protagonista. Según se sigue el hilo del libro vamos sintiendo que el camino sinodal que hemos emprendido como Iglesia constituye una experiencia espiritual personal, comunitaria y eclesial, y requiere, por tanto, el trabajo individual de cada uno en su interior.

La idea de la conversación como «verter en un mismo cauce común», merecería mayor desarrollo. Comprender así la conversación permite aportar los diferentes puntos de vista para enriquecer el cauce común. Cuánto bien nos haría una mayor dosis de conversación en la vida ciudadana y en la vida eclesial. En la conversación en el Espíritu encontramos una vía de participación orientada a la comunión y renovación de la misión, que alienta la participación de todos y acoge en la comunión y en la unidad la gran diversidad que somos.

La conversación en el Espíritu, el discernimiento y la sinodalidad consisten, más que nada, en escuchar. El camino sinodal emprendido por la Iglesia es un camino de escucha en profundidad. Es fundamental y muy necesaria la idea que sugieren de una «escucha abierta y vulnerable» que permite que el Espíritu nos mueva y nos cambie, nos haga elegir y nos lleve a concretar. Si cada uno permanece afincado en las posiciones adoptadas previamente, no se dará verdadera conversación, ni verdadera escucha del Espíritu. No encontrará nada que pueda aprender o asimilar de los demás. Y tendrá miedo de toda elección que implique cambios. Porque solo cuando de verdad nos escuchamos salimos enriquecidos y profundizamos en la comunión y en la misión.

Me ha parecido particularmente esencial el capítulo sobre las disposiciones interiores. Como he dicho en más de una ocasión, no pretendemos convocar un parlamento, ni tratamos de hacer un sondeo de opinión. Queremos caminar juntos como hermanas y hermanos, escuchando al Espíritu Santo. Él es el verdadero protagonista del Sínodo. La escucha del Espíritu requiere una actitud interior determinada. La conversación en el Espíritu, el discernimiento y la sinodalidad solo pueden ir adelante si buscamos vaciarnos de nosotros mismos para llenarnos del Espíritu, si nuestra libertad se va liberando de amarres materiales, ideológicos y afectivos, para permitir que sea el Espíritu quien nos dirija más eficazmente; si cultivamos en nuestro interior actitudes de humildad, hospitalidad y acogida, a la vez que desterramos la autosuficiencia y la autorreferencialidad. Solo así se verán fortalecidas nuestra comunión y nuestra misión.

Dedican su último capítulo al modo concreto de llevar a cabo la conversación en el Espíritu. En él explican el método, el modo cómo se lleva adelante, los aspectos a los que hay que prestar especial atención. Este capítulo no se debe leer como si fuera la culminación del libro. Todo método es medio para un fin, no es el fin. El mismo *Instrumentum laboris* se refiere a la necesidad de adaptar el método a las diversas situaciones para que sirva verdaderamente de ayuda[3]. La importancia de los anteriores capítulos reside, precisamente, en que permiten preparar y aplicar bien la metodología.

_____

[3] Los documentos sinodales posteriores mantienen la misma necesidad de adaptación.

El *Instrumentum laboris* señalaba la necesidad de formación para la conversación en el Espíritu[4]. Me parece que el libro que presentan ustedes proporciona valiosos materiales para este fin. Agradezco mucho su esfuerzo y estoy seguro que va a constituir una excelente ayuda en muchos ambientes eclesiales.

Que Jesús les bendiga y la Virgen les cuide y, por favor, no se olviden de rezar por mí.

Francisco

---

[4]   También los demás documentos sinodales, incluido el final, señalan la necesidad de formación.

Introducción

En octubre de 2021 el papa Francisco dio apertura al proceso sinodal[1]. Una invitación a «caminar juntos» guiados por el Espíritu Santo en una Iglesia que afronta, en las distintas partes del planeta, desafíos muy diversos, y no pocos universales y comunes[2]. Cada Iglesia particular tiene su propio contexto. Pero si hay un elemento común a la mayor parte de los contextos en que vive la Iglesia, este es la polarización de nuestras sociedades. En ellas encontramos divisiones cada vez más agudas, que parecen hacer imposible remar juntos en una misma dirección buscando un bien común. Los vínculos de la amistad social se debilitan, la reconciliación entre los polos se hace difícil, conversar buscando el bien común parece una meta lejana e imposible. Hay muchas discusiones y debates abiertos en nuestras sociedades, que a veces aparecen como irreconciliables

---

[1] PAPA FRANCISCO, *Discurso con ocasión del momento de reflexión para el inicio del recorrido sinodal*, aula nueva del Sínodo, 9 de octubre de 2021), https://bit.ly/3XT1T4i

[2] El *Vademécum* hace una breve descripción de algunos elementos comunes y dificultades que enfrenta la Iglesia hoy. Cf. SECRETARÍA DEL SÍNODO DE OBISPOS, *Por una Iglesia sinodal: comunión, participación y misión. Vademécum para el Sínodo sobre la Sinodalidad* (aquí, p.8). En adelante *Vademécum*. https://bit. ly/3XNRerw

para llegar a soluciones compartidas. Se echa a faltar una conversación sobre los temas importantes, en la que cada uno aporte su perspectiva para enriquecer el mundo común que compartimos.

En el proceso sinodal hay tres palabras clave: *comunión, participación* y *misión*. Es precisamente la conversación en el Espíritu –este siempre crea armonía y protege de la polarización– el instrumento que el Sínodo ha usado para que la participación de todos contribuya a la comunión y a la misión. Como apunta el *Vademécum* del Sínodo, «este camino recorrido juntos no solo nos une más profundamente los unos a los otros como Pueblo de Dios, sino que también nos envía a llevar adelante nuestra misión como testimonio profético que abarca a toda la familia humana, junto con nuestras denominaciones cristianas y otras tradiciones de fe»[3].

La importancia de la conversación en el Espíritu como clave del método sinodal se ha venido haciendo más clara a medida que el proceso avanzaba. En junio de 2023 se hizo público el *Instrumentum laboris (IL)*, la hoja de ruta para la primera sesión de la XVI Asamblea General Ordinaria del Sínodo de los Obispos de octubre de 2023. Una de las secciones del documento (nn. 32-42) desarrollaba lo que denominaba «la conversación en el Espíritu», definida como «una oración compartida con vistas a un discernimiento en común para el que los participantes se preparan mediante la reflexión y la meditación personales»[4]. El *IL* ya recogía cómo la

---

[3] *Ibid.*

[4] SECRETARÍA DEL SÍNODO DE OBISPOS, *Instrumentum laboris de la XVI Asamblea General Ordinaria del Sínodo de los Obispos*, 20.06.2023, n. 37, en: https://bit.ly/3pUhy6B (en adelante *IL*).

conversación en el Espíritu se había revelado un instrumento muy apropiado en las fases diocesana y continental del sínodo: «Atraviesa todos los continentes el reconocimiento de lo fructífero que ha sido el método aquí llamado "conversación en el Espíritu", adoptado durante la primera fase y denominado en algunos documentos "conversación espiritual" o "método sinodal"»[5]. Las tres expresiones se refieren a lo mismo y pueden ser usadas indistintamente.

Tras la experiencia de utilizar la conversación en el Espíritu durante las tres semanas de esa asamblea, los miembros del Sínodo la acogieron con entusiasmo en su *Informe de síntesis* final de octubre de 2023 y pidieron que se adoptara en toda la Iglesia. En junio de 2024, el *Instrumentum laboris* para la segunda sesión citó al organismo episcopal regional FABC (Federation of Asian Bishops' Conferences), que afirmaba que en toda Asia la Iglesia había incorporado el método en sus estructuras existentes «con gran éxito», añadiendo más adelante que la conversación en el Espíritu era «particularmente adecuada para el ejercicio de la sinodalidad» (n. 65). En su *Informe de síntesis* de octubre de 2023, los miembros del sínodo afirmaron que su uso «nos evitó pasar demasiado rápido a un debate basado en la reiteración de nuestras propias posiciones sin escuchar primero el razonamiento que sustenta la posición de los demás» (15a). En octubre de 2024, el *Documento final* resumió la experiencia del uso del método a lo largo de los tres años de camino:

> «La conversación en el Espíritu es una herramienta que, aun con sus limitaciones, resulta fructífera para permitir

---

[5] *Ibid.*, n. 32.

la escucha y el discernimiento de "lo que el Espíritu dice a las Iglesias" (Ap 2,7). Su práctica ha provocado alegría, asombro y gratitud, y se ha experimentado como un camino de renovación que transforma a las personas, a los grupos y a la Iglesia. La palabra "conversación" expresa más que un mero diálogo: entrelaza armoniosamente pensamiento y sentimiento y genera un mundo de vida compartido. Por eso puede decirse que en la conversación está en juego la conversión. Es un dato antropológico que se encuentra en pueblos y culturas diferentes, unidos por la práctica de reunirse solidariamente para tratar y decidir sobre cuestiones vitales para la comunidad. La gracia lleva a buen término esta experiencia humana: conversar "en el Espíritu" significa vivir la experiencia de compartir a la luz de la fe y en la búsqueda del querer de Dios, en un clima evangélico en el que el Espíritu Santo puede hacer oír su voz inconfundible»[6].

Estamos ante una metodología que facilita la participación de todos al servicio de la comunión en la Iglesia y de la misión de la misma, que se ha mostrado de gran ayuda para abrir canales de comunicación y discernimiento al interior de la Iglesia. Una metodología que ha permitido que un mayor número de creyentes aporte lo que el Espíritu ofrece a la Iglesia a través de ellos. En la conversación en el Espíritu despunta el deseo de un encuentro en la Iglesia marcado por el dinamismo del Espíritu Santo; una forma de intercambio y de discernimiento que busca la verdad en el amor y que escucha con atención a las diferentes voces que se dan en el

---

[6]   *Documento final*, 45. https://loyol.ink/gdied

Pueblo de Dios. De este modo, ha facilitado una mayor apertura a diversas realidades y desafíos y ha sido de gran ayuda para impulsar procesos de discernimiento que han conducido al reconocimiento de la necesidad de reformas en diferentes ámbitos de la vida eclesial.

El *Documento final* del proceso sinodal pone gran énfasis en la necesidad de la formación de todos los bautizados para participar en la toma de decisiones basadas en el discernimiento eclesial, una formación que no es solo técnica, sino que también tiene fundamentos teológicos, bíblicos y espirituales[7]. El discernimiento eclesial es ante todo «una práctica espiritual basada en una fe viva» que exige «libertad interior, humildad, oración, confianza mutua, apertura a la novedad y abandono a la voluntad de Dios». Es una invitación a todos, ya que «cuanto más se escucha a todos, más rico es el discernimiento»[8].

El método de la conversación en el Espíritu es clave para ello: «Cada uno, hablando según su conciencia, está abierto a escuchar lo que los demás comparten en conciencia». En este compartir, llegan a percibir lo que el Espíritu dice a las Iglesias. El *IL* para octubre de 2023 describe la formación en la conversación en el Espíritu como «una prioridad en todos los niveles de la vida eclesial», y añade: «La formación para la conversación en el Espíritu es la formación para ser una Iglesia sinodal»[9]. En las páginas que siguen queremos ayudar a la comprensión y aplicación de este método, así como a

---

[7] *Ibid.*, 80.
[8] *Ibid.*, 82.
[9] *IL 2023*, 42.

profundizar en las disposiciones espirituales que buscan que sea el Espíritu el verdadero protagonista de la conversación en el Espíritu o método sinodal.

Los autores de este libro somos jesuitas y, como tales, más familiarizados con la tradición ignaciana, a la que recurriremos con más frecuencia para introducir al lector en la conversación en el Espíritu. Pero somos muy conscientes de que en otras tradiciones espirituales anteriores y posteriores a san Ignacio se encuentran modos parecidos o que cumplen la misma función de facilitar la participación para construir la comunión y definir la misión. El discernimiento y la conversación en el Espíritu forman parte de la tradición espiritual de la Iglesia desde sus primeros siglos. Al tratarse de un instrumento para ser usado por distintas personas, en los distintos espacios y ambientes eclesiales, con buen sentido, los documentos sinodales avisan que no seamos rígidos en la aplicación del esquema metodológico de la conversación en el Espíritu; y piden una «adaptación apropiada» a las diferentes circunstancias y necesidades[10]. que en ocasiones será necesario dar más énfasis o priorizar uno de los tres pasos más que otros. Pero que aun teniendo en cuenta las adaptaciones que haya que hacer en algunas ocasiones, «la intención y el dinamismo que unen los tres pasajes son y siguen siendo característicos del modo de proceder de una Iglesia sinodal»[11].

Además de los aspectos metodológicos, son importantes las preguntas que nos dejaba el papa Francisco en la homilía de la eucaristía celebrada en el lanzamiento del

---

[10] Cf. *Documento final*, 10
[11] *IL 2023*, 41. Cf. *Documento final*, 105.

Sínodo. Dichas preguntas apuntan a la sustancia del proceso en que estamos, que no solo mira hacia el interior de la Iglesia sino también hacia la misión de la misma. Para el Santo Padre, el Sínodo sobre sinodalidad tiene como finalidad el encuentro, la escucha, el discernimiento, la transformación interior, a todos los niveles de la Iglesia. «Muchas veces los Evangelios nos presentan a Jesús "en camino", acompañando al hombre en su marcha y escuchando las preguntas que pueblan e inquietan su corazón. De este modo, él nos revela que Dios no habita en lugares asépticos, en lugares tranquilos, lejos de la realidad, sino que camina a nuestro lado y nos alcanza allí donde estemos, en las rutas a veces ásperas de la vida». Desde esa constatación el Santo Padre nos cuestionaba: «¿Encarnamos el estilo de Dios, que camina en la historia y comparte las vicisitudes de la humanidad? ¿Estamos dispuestos a la aventura del camino o, temerosos ante lo incierto, preferimos refugiarnos en las excusas del "no hace falta" o del "siempre se ha hecho así"?»[12].

La sinodalidad no es un acontecimiento o un eslogan. Se trata de un estilo y una forma de ser con la que la Iglesia quiere vivir su misión en el mundo. Es todo el Pueblo de Dios quien la debe llevar adelante y no una parte de él. Es a todos los miembros del cuerpo eclesial a quienes corresponde ponerse en camino, cada uno y cada una con sus dones y carismas, desempeñando los diferentes servicios, unidos unos a otros como un solo cuerpo. Es decir, que una Iglesia sinodal es aquella que camina en comunión en pos de una misión común por

---

[12] PAPA FRANCISCO, «Homilía en la Basílica de san Pedro», 10 de octubre de 2021, en: https://bit.ly/3XWhSi0

medio de la participación de todos sus miembros. En estas páginas se encontrarán ayudas para que la contribución de cada uno se realice desde unas disposiciones interiores que permitan acoger lo que el Espíritu dice a la Iglesia.

Cuando el Pueblo de Dios se pone en camino, unos caminan más rápido y otros más lento. Como Juan y Pedro cuando se dirigían al sepulcro del Señor. Juan llega primero, pero espera a Pedro (cf. Jn 20,4-8). En nuestro proceso sinodal, en que toda la Iglesia se pone en camino, hay diferentes ritmos. Unos, urgidos por las llamadas que experimentan y las necesidades que ven a su alrededor, quieren avanzar más rápido. Otros, con el deseo de hacerlo todo correctamente, quieren avanzar más seguros y más despacio. Cuando somos muchos los que avanzamos juntos, como el pueblo que caminaba en el desierto, son particularmente deseables ambas actitudes, la de Juan, que espera y la de Pedro, que acelera el paso. Será importante mantener la «disciplina de éxodo», de modo que, aunque el pueblo se estire no se rompa.

La historia de este libro es la siguiente: Óscar Martín forma parte de un equipo nombrado por la Conferencia Episcopal Paraguaya para animar y acompañar el proceso sinodal en las diócesis de este país. En este acompañamiento ha utilizado frecuentemente, como se recomendaba, el método de la conversación en el Espíritu para ayudar a compartir y discernir construyendo la comunión. En el acompañamiento del proceso de la fase continental del Cono Sur en Brasilia, algunos obispos le insistieron en que debía escribir un libro sobre la conversación en el Espíritu, pues se estaba mostrando muy fecunda en el proceso sinodal y podría ayudar a sus comunidades y sus diócesis. Coincidió que, en esos meses, Juan Antonio Guerrero compartía comunidad con Óscar en el Centro de Espiritualidad «Santos Mártires» en Asunción, mientras dedicaba un tiempo a la oración y al estudio, focalizado especialmente en temas espirituales. Las conversaciones espirituales que tuvieron lugar a lo largo de esos meses lograron que la petición que se había hecho a Óscar fuese acogida por los dos, y que compartieran mucho del contenido de este libro que decidieron escribir juntos.

Al presentar la conversación en el Espíritu, nos adentraremos en ella siguiendo siete momentos: en el primer capítulo, distinguiremos la acción de conversar de otros modos de comunicación e introduciremos una pequeña reflexión sobre la importancia de la conversación en la vida cívica, cuya ausencia está llevando a nuestras sociedades por derroteros de gran polarización y desorientación en la búsqueda de la verdad y del bien común. Trataremos, en segundo lugar, de poner en relación la conversación espiritual con la sinodalidad a la que somos convocados. Posteriormente, en un tercer momento, la vincularemos a los procesos de discernimiento o deliberación en común, a través de la presentación de la deliberación que realizaron los primeros jesuitas el año 1539. Este nos parece un ejemplo paradigmático de conversación en el Espíritu orientada a un discernimiento en común. En el cuarto paso, nos detendremos a describir el modo de compartir y de escuchar propios de la conversación en el Espíritu. El quinto capítulo lo dedicaremos a las disposiciones espirituales previas de los participantes, que son condición *sine qua non* de la comunión y el discernimiento en común. A continuación, un apartado más reflexivo, ofrece unas notas teológicas sobre la conversación en el Espíritu, el discernimiento y la sinodalidad.

El séptimo y último capítulo está dedicado al modo de preparar una correcta conversación en el Espíritu, sea o no orientada a un discernimiento y una decisión; el método que debe seguir y el papel que ha de tener el/la facilitador/a, de modo que pueda ser espacio de escucha del Espíritu para fortalecer la comunión e iluminar la misión. Acabamos con un apéndice en que proponemos unos guiones prácticos para llevar adelante una conversación espiritual, un proceso de discernimiento en común y algunas citas bíblicas que pueden iluminar momentos de la conversación en el Espíritu.

Agradecemos especialmente al Centro de Espiritualidad Santos Mártires de Asunción y a su comunidad jesuita, que nos acogió y nos brindó su apoyo para comenzar este libro. Al subdirector del Centro de Espiritualidad San Ignacio de Salamanca, al secretario de la revista *Manresa*, a John Dardis y al equipo de *Discerning Leadership*, que desde el otro lado del Atlántico nos facilitaron materiales fundamentales para su elaboración. A Graciela Amo, Rafaelle Lanzilli (†), Luis López-Yarto, José de Pablo y Gabino Uríbarri, que leyeron el manuscrito o partes de él, por sus pertinentes observaciones. Al Grupo de Comunicación Loyola, en la persona de Ramón Alfonso Díez Aragón, que nos ha brindado todas las facilidades para la edición. Agradecemos también a Austen Ivereigh sus sugerencias y aportaciones para la revisión y actualización de la presente edición.

1

De la conversación a la conversación en el Espíritu

Es un hecho curioso que en algunos países cuando dos amigos hablan se suele decir que «conversan» y en otros se dice que «discuten». Normalmente quieren decir lo mismo, pero las palabras tienen referencias distintas. Nosotros mismos, a veces, podemos usar casi indistintamente los términos conversar y discutir; o usamos como sinónimos dialogar y debatir. Disputar, sin embargo, lo solemos usar mucho menos. En realidad, todas esas palabras tienen distintas etimologías y en la historia han tenido distintos usos. Hagamos un breve recorrido para diferenciar mejor los matices de cada una de estas palabras.

Disputar tiene normalmente una connotación competitiva. Para la RAE la primera acepción es luchar, combatir; la segunda es discutir con calor y vehemencia; la tercera, dicho de un estudiante, hace referencia a ejercitarse discutiendo una cuestión; la cuarta connotación es contender, competir, rivalizar. Disputar viene del latín *dis* (separación)- *putāre* (pensar). En la filosofía se hablaba de las cuestiones disputadas (en referencia a una obra de santo Tomás). En las disputaciones metafísicas, dos contendientes argumentaban razonadamente, exponían sus argumentos y uno de los dos vencía. Las disputas podemos entenderlas a partir de las divergencias de pensamiento y tienen sus contextos, sus reglas y sus temas. Disputar no es conversar. Debatir también tiene una connotación competitiva. En un debate suele haber ganador y perdedor. Debatir viene del latín *debattuĕre*, «batir, sacudir», «batirse». Para la RAE, dicho de dos o más personas, significa discutir un tema con opiniones diferentes. También significa, simplemente, luchar o combatir. Debatir tampoco es conversar.

Discutir, dis-cutir; «dis» es una partícula que significa negación o contrariedad y «cutir» está en desuso. Viene del latín *cuttere* (antes *quatere*, sacudir) y significaba golpear una cosa con otra, poner en competencia, combatir. La discusión también tiene una finalidad competitiva. A ella acceden dos sujetos que pretenden ganar, que su punto de vista o argumentos triunfen. Cada uno tiene su mundo, su punto de vista que defender, y el que uno gane implica necesariamente que el otro pierda. Si el ganador, además de vencer convence, obtendrá aliados, discípulos, seguidores, pero que no estarán en pie de igualdad con él.

Dialogar para los griegos de la antigüedad hacía referencia al proceso de conocimiento mediante la palabra. La palabra está compuesta del prefijo griego *dia* (a través de) y *logos* (palabra, lógica, saber). Platón utilizaba los diálogos para llegar a la verdad a través de la palabra, la razón o la lógica. Los que dialogaban, partiendo de presupuestos distintos, llegaban a una conclusión común, o a un punto de encuentro. En el diálogo es posible que uno de los dialogantes pueda convencer al otro. Pero también puede suceder que simplemente cada cual comprenda al otro, respetando sus presupuestos diferentes. Esto último sucede especialmente cuando se trata de posturas inconmensurables. Aunque ciertamente es de gran valor en todas las circunstancias de nuestra vida, hay que decir que dialogar no es todavía lo mismo que conversar. En el diálogo falta el cauce común. El *Vademécum* se hace eco de la importancia del diálogo en el contexto sinodal. Afirma que el diálogo comprende también «momentos de silencio y oración»[1], «requiere perseverancia y paciencia», pero que «... es capaz de recoger la experiencia de las personas y de los pueblos». Y añade, «el diálogo entre cristianos de diversas confesiones, unidos por un solo Bautismo tiene un puesto particular en el camino sinodal»[2].

Conversar. Etimológicamente «con» significa reunión, agregación o cooperación; «versar», del latín *versare*, significa dar vueltas alrededor. Además del significado de «hablar unas personas con otras», hay un par de significados más en desuso que son interesantes: el primero: «Vivir, habitar en compañía de otros»; el segundo: «Tener amistad unas personas con otras». Una de las cuestiones que queda clara de estas aproximaciones a este término es que en la conversación la finalidad es *cooperativa*; que pueden ganar todas las partes que intervienen en ella; que todos comparten un mundo, cooperan o se suman a dar vueltas alrededor de lo mismo. Usando otra imagen, podríamos decir que vierten

---

[1] *Vademecum*, 4.5.
[2] *Ibid.*, 5.3; 6; 7.

juntos en el mismo cauce. En este sentido, *versare* viene de *vertere*. Con-versar sugeriría, por ende, verter en un mismo cauce común. Conversar trataría, en definitiva, de distintas perspectivas, distintas visiones, que vertidas configuran un cauce común. La conversación crea comunidad con temas compartidos y, como dice el *Documento final* de octubre de 2024, «en la conversación está en juego la conversión»[3]

La conversación crea amistad: amistad cívica, amistad social, amistad espiritual o, simplemente, amistad a secas. Lo podemos comprobar desde muy diferentes perspectivas. En la encíclica *Fratelli tutti*, por ejemplo, el Santo Padre nos invita a ahondar en la amistad social y en la fraternidad. Para Aristóteles la amistad «es lo más necesario para la vida. Sin amigos nadie querría vivir […]. Los jóvenes los necesitan [a los amigos] para evitar el error; los viejos para su asistencia […]. Los que están en la flor de la vida, para las acciones nobles: "dos marchando juntos", así, en efecto, están más capacitados para pensar y actuar»[4]. Para el filósofo griego, la amistad mantiene unidas las ciudades porque en ella se comparten finalidades comunes, hay un bien común a los amigos. Los amigos comparten un mundo común, sobre el que tienen diferentes perspectivas. No es simplemente tener sentimientos compartidos, la misma perspectiva o compartir una misma teoría como defienden otros autores[5].

---

[3] *Documento final*, 45. https://loyol.ink/gdied

[4] ARISTÓTELES, Ética a Nicómaco, Centro de Estudios Políticos y Constitucionales, Madrid 2009, 1155a., 122.

[5] Por ejemplo, J. RAWLS, *Teoría de la justicia*, FCE, México 1985 (1.ª ed. española 1979). Cf. pp. 5, 517, 536, 572.

La conversación en la vida cívica

En nuestros días se percibe falta de conversación en nuestra vida cívica. Un autor reciente habla del deterioro de las democracias, por lo que llama «las tres pes»: *populismo*, *polarización* y *posverdad*[6]. El populismo no es tanto una ideología sino una estrategia para conseguir y ejercer el poder. El populista tiende a decir lo que los demás quieren escuchar con la intención de conseguir el poder. No hay necesidad de que lo que dice se realice posteriormente.

La polarización tiene como objetivo crear grupos o bandos fuertemente radicalizados en los más diversos temas: sociales, políticos, económicos, religiosos, etc. Para ello, una de sus estrategias más comunes es la demonización de los que no piensan igual, a los que se considera como enemigos. Normalmente es sobre temas actuales. Pero también pueden recurrir a asuntos del pasado. Siempre con el objetivo de separar, de dividir a la sociedad, buscando agudizar las diferencias. Con frecuencia se llega al fanatismo. Esto hace prácticamente imposible un diálogo constructivo y enriquecedor o una conversación pacífica, abierta a aportar diferentes perspectivas para construir el mundo que, en realidad, comparten. Esta realidad social, en ocasiones, infelizmente, contamina el interior de la Iglesia.

La posverdad va mucho más allá de la simple mentira que, dicho sea de paso, siempre hubo en la vida cívica. La novedad y la gravedad de la posverdad consiste en

---

[6] M. NAIM, *La revancha de los poderosos: Cómo los autócratas están reinventando la política del siglo XXI*, Debate, Barcelona 2022.

que los que la promueven no se limitan a contar mentiras, sino que niegan de partida la existencia de una realidad independiente, susceptible de verificarse. Ya no se trata de que se acepten las mentiras como verdades, sino de enturbiar las aguas hasta tal punto que sea difícil o imposible distinguir la diferencia entre la verdad y la falsedad. La verdad queda despreciada o, lo que es todavía peor, convertida en lo que cada facción o sección escindida defiende, sea con *fake news*, con manipulación de datos o repitiendo medias verdades, siempre con el objetivo de traer el agua al propio molino.

Es constatable que el deterioro de la vida cívica ha ido en aumento en nuestra sociedad. En este sentido, no faltan autores que ya lo venían anunciando prácticamente desde los años 60 del siglo pasado. Tal es el caso de Hannah Arendt para quien, ya en esa época, era evidente el declive del ámbito público, la pérdida de un «mundo común», del espacio en el que se resuelven los problemas humanos que nos conciernen a todos. Para Arendt, en ese espacio se trataban los problemas comunes, unas veces competitivamente y otras cooperativamente, según la naturaleza de los mismos.

Buscando hallar luz sobre esta realidad, algunos autores que han estudiado este deterioro de la vida pública o ciudadana, han apuntado como un elemento importante la pérdida de los espacios tradicionales que facilitaban la conversación; los espacios donde es necesario abordar los temas comunes con los aportes, las opiniones o las perspectivas de todos. Por los años 90 del siglo pasado Cristopher Lasch escribía:

«Si las élites solo hablan para sí mismas, es también porque no existen instituciones que promuevan la conversación general más allá de las fronteras de clase. La vida cívica requiere entornos donde la gente pueda reunirse en pie de igualdad, independientemente de su raza, clase u origen nacional. Ahora, gracias al declive de las instituciones cívicas, desde los partidos políticos hasta los parques públicos y los lugares de encuentro informales, la conversación se ha vuelto no menos sectorial que la producción de conocimiento. Las clases sociales hablan entre sí en su propia jerga, inaccesible para los forasteros; solo se mezclan entre sí en algunas ocasiones ceremoniales y en las fiestas oficiales»[7].

El sociólogo norteamericano Ray Oldenburg[8] reivindica lo que él llama «terceros lugares». Se trata de espacios de encuentro intermedios entre la familia y los roles profesionales o las grandes estructuras en que participamos con nuestro trabajo. Para este autor, sin estos ámbitos, la ciudad se convierte sencillamente en un desierto. Algunos lugares de este tipo son el bar, la barbería, la tienda o la calle del barrio, la plaza, la cancha, etc. En muchas de nuestras sociedades, sobre todo urbanas, se ha ido perdiendo más y más ese espacio intermedio que evitaba la ruptura entre el trabajo y la familia. Esos terceros lugares que, en cierta medida, aliviaban a la familia, institución a la que en la actualidad

---

[7] C. LASCH, *La rebelión de las élites y la traición a la democracia*, Paidós, Barcelona 1996, todo el capítulo 6 tiene interés para nuestro tema.

[8] Cf. R. OLDENBURG, *The great good place: cafes, coffee shops, community centers, beauty parlors, general stores, bars, hangouts and how they get you through the day*, Marlowe and Co., New York 1997².

se le exige demasiado, al ser el único espacio alternativo al trabajo. El denominado «tercer lugar» es el espacio de la conversación. Es en ella donde se va generando un cauce común en el que se vierte la participación de todos, donde van apareciendo unos tópicos recurrentes, que son la consecuencia del mundo común compartido; aparecen unos modelos de excelencia según lo que en la conversación se alaba o se rechaza. También se va generando una identidad compartida que va acogiendo progresivamente a otros. La gran protagonista de los «terceros lugares» es la conversación que, la mayor parte de las veces, es informal y sin grandes pretensiones. En ella se muestran las características individuales y la riqueza propia de cada personalidad. La conversación sin más sirve a la necesidad básica humana de comunión. Para los que contemplan desde fuera, las personas que conversan suelen parecer más homogéneas de lo que en realidad son. Lo común es el tema que les reúne. Pero los individuos, así como sus aportaciones y perspectivas, son muy distintos y cada uno aporta su perspectiva diversa.

La conversación tiene también como virtualidad que genera un espacio de igualdad y que es profundamente niveladora. Cuestiones como la clase social, el estatus o el rango mundano se dejan detrás de la puerta. También se dejan fuera de la conversación cuestiones como problemas personales, estados de ánimo, etc. De este modo, la conversación posibilita el encuentro entre diferentes personas, pero todas en pie de igualdad. En ella se nos permite vislumbrar un mundo grande, más allá de los amigos y de la familia.

La conversación tiene también como virtualidad que integra a los distintos y crea un lenguaje común. Sin embargo, en nuestra sociedad suele ser muy normal que las clases y grupos sociales hablen cada uno su propio dialecto, inentendible para el resto. A poco que nos descuidemos, poco a poco se pierde el lenguaje común y cada grupo funciona con su jerga.

Por el contrario, la conversación crea un encuentro que podemos llamar no funcional. En este espacio se puede conocer, por ejemplo, a compañeros de trabajo de un modo más completo y verdadero que lo que posibilita el lugar de trabajo. En este encuentro gratuito que genera la conversación se pueden abrir espontáneamente nuevos horizontes, se descubren las aficiones, los dones, las virtudes, etc. En la conversación dejamos de lado las funciones y los roles. Las personas se relacionan sin más regla que «la decencia». En los espacios de conversación la decencia es más importante que el éxito económico o la posición social que se ocupa.

Se puede afirmar con certeza que la conversación es un termómetro clave de la vitalidad de una comunidad y que es una gran pérdida cuando esta desaparece. Lo que genera el ambiente no es el lugar donde esta se desarrolla, sino las personas que conversan, en particular las que son más habituales. Hay que señalar la importancia de la buena acogida de los nuevos integrantes. Esta actitud de apertura favorece y ensancha la conversación. El verter en un cauce común constituye un hogar fuera del hogar y llega a convertirse en una referencia que da raíces. Conversar es compartir un mundo común.

La conversación en el Espíritu

Convenimos en llamar «conversación en el Espíritu» o «conversación espiritual» a una conversación en la que los interlocutores tienen un hondo deseo de abrirse al Espíritu para crear fraternidad, tomar decisiones juntos o abrir nuevos caminos conducidos por el mismo Espíritu. Como nos dice el *Instrumentum laboris* para la primera sesión, la «conversación en el Espíritu» es una expresión que, en cada uno de sus términos: «conversación» y «en el Espíritu», está preñada de un hondo contenido. «Conversación» porque hace alusión a la capacidad que tiene la palabra pronunciada y escuchada de ser vehículo de familiaridad y de intimidad; «en el Espíritu» porque se subraya la identidad del verdadero protagonista: el Espíritu, y el deseo de que los que conversan se abran a escuchar su voz, siempre libre para soplar donde quiere (Jn 3,8). Y, como el texto señala, «poco a poco, la conversación entre hermanos y hermanas en la fe abre el espacio para un con-sentimiento, es decir, para escuchar juntos la voz del Espíritu»[9].

Se trata de acoger y construir juntos la comunión, integrando la diversidad de sentires en un cauce común. El tema es compartir el don del Espíritu porque en la conversación en el Espíritu él es el verdadero protagonista. El Espíritu Santo, en palabras de san Basilio, «está presente en cada uno de los dispuestos a recibirlo, como si cada uno fuera el único, y proyecta suficientemente sobre todos su gracia íntegra [...]. Por medio de él tenemos la elevación de los corazones, la

---

9   *IL 2023*, 33.

guía de los débiles y la perfección de los proficientes [...]. Las almas portadoras del Espíritu, iluminadas por el Espíritu, ellas mismas se vuelven espirituales y proyectan la gracia en otros»[10]. Como nos enseña san Pablo, «ciertamente, hay diversidad de dones, pero todos proceden del mismo Espíritu. Hay diversidad de ministerios, pero un solo Señor. Hay diversidad de actividades, pero es el mismo Dios el que realiza todo en todos. En cada uno, el Espíritu se manifiesta para el bien común» (1 Cor 12,4-7).

Jesús no solo predicaba el reino de Dios; los Evangelios nos muestran que también utilizaba con frecuencia la conversación espiritual en sus encuentros con diferentes personas. Es lo que hace con la samaritana cuando con suavidad y, a la vez, con firmeza, le va desmontando sus actitudes defensivas hasta hacerle descubrir la fuente de agua viva que tiene en su interior (Jn 4,1-42). Es también conversación en el Espíritu cuando camina con sus discípulos por los poblados de Galilea y va conversando con ellos sobre lo que la gente piensa acerca de su identidad (Lc 9,18-24); o cuando conversan sobre la conveniencia de ir a ver a Lázaro que está enfermo o quedarse donde están (Jn 11,7-16). También podemos considerar conversación en el Espíritu cuando el Señor resucitado se coloca al lado de Cleofás y del otro discípulo que se dirigen a Emaús; cómo por el camino les va escuchando y después les explica lo que las Escrituras dicen del Mesías, hasta que lo reconocen (Lc 24,13-35). Conversación en el Espíritu es la mantenida con su amigo Pedro para confirmarlo

---

[10] BASILIO DE CESAREA, *El Espíritu Santo*, caps. 9, 22-23, Ciudad Nueva, Madrid 1996, 142-143.

en el amor y entregarle la misión de pastor de su rebaño (Jn 21,15-23). Conversaciones en el Espíritu las encontramos también en María. La visita a su prima Isabel es un hermoso ejemplo. En esta conversación espiritual el protagonista es el Espíritu del que las dos mujeres están llenas (cf. Lc 1,39-56). Las primeras comunidades cristianas también la usaron. Un buen ejemplo es el llamado Concilio de Jerusalén. Pablo y Bernabé subieron a Jerusalén para acertar con lo que el Espíritu estaba pidiendo a la Iglesia respecto a la acogida de los gentiles. Como nos dice Hechos, allá «los apóstoles y los presbíteros se reunieron para deliberar sobre este asunto» (Hch 15,6).

Casiano toma nota de este hecho señalando lo siguiente: «San Pablo [...] asegura haber subido a Jerusalén únicamente con ánimo de entrevistarse con los apóstoles y tratar en una conversación privada del Evangelio que anunciaba a las naciones, según la revelación y cooperación del Señor. Este ejemplo es altamente aleccionador. Nos enseña que la fidelidad a las reglas que nos hemos trazado no solo conserva inalterables la unanimidad y armonía, sino que nos pone al abrigo de todas las emboscadas del enemigo y de sus ilusiones diabólicas»[11].

En la tradición de la Iglesia también podemos encontrar muchos ejemplos de conversación en el Espíritu entre dos almas desbordadas por el amor de Dios y la acción del Espíritu. Algunas de ellas, muy recordadas,

---

[11] Juan CASIANO, *Colaciones*, vol. II, XVI, XII, Rialp, Madrid 2019, 69.

son la conversación entre Agustín, justo después de su bautismo y Ambrosio: los dos santos alternando las efusiones de sus corazones en los versos del *Te Deum*; o de Pablo y Antonio, los dos solitarios que, encontrándose en el desierto, «pasaron la noche en divinas alabanzas»; y sobre todo la de Agustín y Mónica, a la que se refiere Agustín en sus *Confesiones*[12]. También son muy conocidas las conversaciones de Benito y Escolástica[13], o aquella entre santa Teresa de Jesús y san Juan de la Cruz, de la que escribe Teresa que, «al padre Juan de la Cruz hay que hablarle con mucha reserva; de lo contrario, no solo entra en éxtasis, sino que hace que otros entren en él»[14].

Este tipo de conversaciones espirituales pueden ser la expresión de la amistad espiritual. Dos o más personas de buena voluntad comparten buenos deseos, experiencias, intuiciones y gracias de manera familiar y buscan en este intercambio apoyo y estímulo para su vida espiritual o apostólica.

Es imposible no suponer que en la vida cenobítica se hayan dado distintos modos de conversación en el Espíritu desde sus comienzos: para compartir entre los monjes experiencias espirituales, para enriquecerse mutuamente con lo que cada uno recibía del Espíritu, para expresar la centralidad de Cristo en su vida comunitaria. Muy probablemente también para deliberar

---

[12] Lib. 9, cap.10, citado por: M. Nepper, «Conversation spirituelle», en *Dictionnaire de spiritualité, ascetique et mystique*, t. II/2, Beauchesne, Paris 1953, 2212-2218.

[13] Consignadas por San Gregorio, *Diálogos*, lib. 2, cap. 33, citado por M. Nepper, *op. cit.*

[14] Cf. Nepper, *op. cit.*

juntos cuestiones de la vida en común, para que quien tuviera que tomar las decisiones pudiera considerar el sentir en el Señor de la comunidad. En definitiva, para verter en el cauce común y enriquecerlo y ampliarlo y así ahondar en su seguimiento del Señor.

Podemos decir que cuando los cristianos han buscado juntos crear fraternidad, compartir los dones del Espíritu o dejarse conducir por él ajustándose a la voluntad de Dios, ha habido algún modo de conversación en el Espíritu.

Como jesuitas, más familiarizados con nuestra tradición, compartimos algunos ejemplos de ella relativos a la conversación en el Espíritu, aunque muy conscientes de que en otras espiritualidades se podrán encontrar experiencias parecidas. Ignacio de Loyola fue un gran conversador. Ya desde su tiempo de convalecencia en la casa de su familia en Loyola, después de su conversión, comenzó a conversar de cosas espirituales con personas cercanas: «Y el tiempo que con los de casa conversaba, todo lo gastaba en cosas de Dios, con lo cual hacía provecho a sus ánimas»[15]. Posteriormente, en su estancia en Manresa entre marzo de 1522 y febrero de 1523, gustaba mucho del encuentro con personas espirituales: «Conversaba todavía algunas veces con personas espirituales, las cuales le tenían crédito y deseaban conversarle; porque, aunque no tenía conocimiento de cosas espirituales, todavía en su hablar mostraba mucho hervor y mucha voluntad de ir adelante en el servicio de Dios»[16]. Pero ya en este momento da un fuerte giro en su lógica comunicativa: junto

---

[15] SAN IGNACIO DE LOYOLA, *Autobiografía*, n. 11, en *Obras completas*, BAC, Madrid 1977 (en adelante *Autobiografía*).

[16] *Ibid.*, 21.

con el provecho suyo, también, con mucha fuerza, busca activamente el provecho de los demás: ayudar a otros por medio de la conversación. En Manresa, «después que empezó a ser consolado de Dios y vio el fruto que hacía en las almas tratándolas, dejó aquellos extremos que antes tenía»[17]. La conversación en el Espíritu va a seguir estando fuertemente presente en la vida de Ignacio los años siguientes.

Se podría decir que la Compañía de Jesús nació de las conversaciones espirituales de Ignacio con un grupo de compañeros de estudio, con los que compartía cuarto en París a partir de 1528. La *Autobiografía* nos dice que los tres compañeros (Ignacio, Francisco Javier y Fabro) no solo compartían la vivienda, sino también que ellos «conversaban». A ambos finalmente Ignacio los ganó para Cristo por medio de los Ejercicios espirituales[18]. A este grupo se fueron uniendo algunos otros compañeros estudiantes más, que fueron atraídos al grupo por la conversación en el Espíritu y los Ejercicios espirituales.

En 1534 el grupo de siete compañeros dio el primer paso significativo, tras haber hecho los Ejercicios, para dar expresión al deseo compartido que había surgido en ellos. Tras deliberar la forma y el modo, decidieron fortalecer su unidad con un voto privado en la capilla de Montmartre el 15 de agosto de ese año.

Las conversaciones espirituales se encuentran en la lista de ministerios de los primeros jesuitas. El P. Nadal afirma que la Compañía de Jesús se moldeó a través de

---

17 *Ibid*., 29.
18 Cf. *Ibid*., 82.

este apostolado. Solo en el epistolario de Ignacio aparece 316 veces las palabras conversar y conversación[19].

Un último tipo de conversación en el Espíritu en la historia de los primeros jesuitas es la deliberación que hicieron Ignacio y sus primeros compañeros en 1539. La deliberación estaba orientada a tomar decisiones en común que implicaban la fundación de la nueva orden religiosa. Este modo de decidir juntos adquiere un valor paradigmático, como un modelo de discernimiento en común. Lo presentaremos más adelante con cierto detenimiento.

---

[19] Cf. G. ARANA, «La conversación espiritual instrumento apostólico privilegiado de la Compañía»: *Revista de Espiritualidad Ignaciana* (2005), 1-32, aquí p. 1. https://bit.ly/3JR0Pbm

2

Al servicio de la sinodalidad

En su homilía del domingo de Pentecostés de 2023[1], el papa Francisco afirmaba que, «el Sínodo que se está realizando es –y debe ser– *un camino según el Espíritu*; no un parlamento para reclamar derechos y necesidades de acuerdo a la agenda del mundo, no la ocasión para ir donde nos lleva el viento, sino la oportunidad para ser dóciles al soplo del Espíritu. Porque, en el mar de la historia, la Iglesia navega solo con él, que es "el alma de la Iglesia" [...], el corazón de la sinodalidad, el motor de la evangelización. Sin él la Iglesia permanece inerte, la fe es una mera doctrina, la moral solo un deber, la pastoral un simple trabajo. [...] Volvamos a poner al Espíritu Santo en el centro de la Iglesia, de lo contrario nuestro corazón no será inflamado de amor por Jesús, sino por nosotros mismos. Pongamos al Espíritu en el principio y en el centro de los trabajos sinodales. Porque es a él, sobre todo, a quien necesita hoy la Iglesia. Digámosle cada día: ¡Ven! [...]. Y caminemos juntos, porque al Espíritu, como en Pentecostés, le gusta descender mientras "están todos reunidos" (cf. Hch 2,1) [...]. Así se renueva la

---

[1]   https://bit.ly/44G5vJ4

armonía en la Iglesia: caminando juntos con el Espíritu al centro. ¡Hermanos y hermanas, construyamos armonía en la Iglesia!».

En esta Iglesia que se ha lanzado a hacer camino sinodal será siempre necesario saber dialogar, discutir, debatir o disputar los más variados temas, opciones o problemas, fruto de un cuerpo vivo y dinámico como es la Iglesia. Según los momentos y las circunstancias, ninguno de estos modos deja de ser relevante. Pero es la conversación el instrumento que ha sido privilegiado para facilitar una participación que, fruto de la escucha del Espíritu, fortalezca la comunión y la misión. Como nos señala el *Vademécum*, «en una Iglesia sinodal se decide por discernimiento, sobre la base de un consenso que nace de la común obediencia al Espíritu»[2].

Para todos los cristianos, se trata de un desafío tan complejo como hermoso. En vistas a lanzarnos en pos de este objetivo, la Secretaría General del Sínodo ha elegido la conversación en el Espíritu como la metodología más apropiada para la animación del proceso sinodal en todas las Iglesias del mundo. Esta herramienta se destaca por su sencillez y, a la vez, por su profundidad; con facilidad nos coloca a la escucha de la acción del Espíritu en las personas en un grupo. Se trata de un verdadero regalo de la Providencia.

La conversación en el Espíritu se convierte en un instrumento muy eficaz para fortalecer a la Iglesia –nuestro gran cauce común– en el que todos vertemos y que a todos nos configura y enriquece como un único cuerpo al servicio de toda la humanidad, con la que peregrina.

---

2 Cf. *Vademécum*, 21.

La conversación en el Espíritu fortalece la espiritualidad del caminar juntos, porque la escucha nos va formando desde dentro, como personas humanas y como cristianos. El *Vademécum* al referirse a la conversación en el Espíritu la describe como un método adecuado que refleja los principios de la sinodalidad, porque «promueve la participación activa, la escucha atenta, el habla reflexiva y el discernimiento espiritual»[3].

Por lo ya apuntado, sabemos que en la conversación en el Espíritu no se trata de que cada miembro o participante traiga *sus* ideas, *sus* intereses, *sus* teorías o *sus* planes, personales o grupales, para que sean asumidos por el grupo o la comunidad. Tampoco se trata de establecer alianzas o estrategias para configurar mayorías, ejercitar la oratoria o el poder de persuasión para sacar adelante una agenda previamente diseñada.

En la conversación en el Espíritu se busca que cada persona escuche al Espíritu en la oración y comparta sus movimientos interiores; que lo que ha sentido como del Señor lo vierta en el cauce común para generar comunión. Por ello, es una conversación llamada a mantener un tono de humildad, profundidad y cuidado, con la particularidad ya señalada de estar siempre abierta a la presencia del Espíritu.

A partir de lo que venimos señalando hasta ahora, podemos distinguir tres tipos de conversación en el Espíritu[4]:

---

[3] Cf. *Vademécum*, «Apéndice B: Sugerencias para la organización de una reunión de consulta sinodal», n. 8.

[4] Existe un cuarto tipo de conversación en el Espíritu, que es la que se produce en el acompañamiento o dirección espiritual. Pero no la hemos abordado en el presente texto. El tema sigue siendo los movimientos del Espíritu, pero se trata de una relación más

a) la que tiene como finalidad hablar familiarmente de las cosas de Dios; b) la que constituye un modo de apostolado; c) la deliberación en común.

a) La que busca simplemente hablar familiarmente de las cosas de Dios se puede mantener con una o entre varias personas. Es la conversación propia de lo que se suele conocer como amistad espiritual. No busca predicar y, menos aún, indoctrinar.

En cuanto a la manera de hacerla, se trata simplemente de que cada persona comparta con las otras, de modo espontáneo y sencillo, lo que el Espíritu va haciendo en ella, o cómo le va conduciendo: en la oración, en la familia, en la comunidad, en el trabajo, en la misión...

Como se suele decir, «de la abundancia del corazón habla la boca». Los movimientos interiores de una persona que comparte libremente su sentir en el Señor suscitan diferentes pensamientos, mociones y sentimientos en quienes escuchan. Por ello, este modo de conversación en el Espíritu enriquece a todos los participantes, a través de la gracia recibida por cada uno. Es de mucha ayuda para crecer juntos como amigos, como familia o como comunidad de fe y crea o fortalece la fraternidad al tener a Cristo en el centro. San Ignacio habla de conversar para la mutua edificación cuando se refiere a este tipo de conversación en el Espíritu.

---

tipificada. Como en los otros tipos, se busca que el Espíritu haga su obra y que la persona se disponga a dejarse conducir por él en su vida. El/la director/a espiritual no debe introducir sus ideas, propósitos, planes, etc., sino dejar que la criatura se comunique con su Creador y el Creador con su criatura, manteniéndose como el fiel de una balanza (Cf. SAN IGNACIO DE LOYOLA, *Ejercicios espirituales*, en *Obras completas*, BAC, Madrid 1977, n. 15. En adelante, *EE*).

Este tipo de conversación es importante en el camino sinodal; los que quieren agradar al Señor necesitan apoyarse mutuamente para progresar. La necesitamos para crecer personalmente y para crecer como Iglesia de la mano del Espíritu. Santa Teresa escribe en su *Vida*:

«Gran mal es un alma sola entre tantos peligros […]. Por eso, aconsejaría yo a los que tienen oración, en especial al principio, procuren amistad y trato con otras personas que traten de lo mismo. Es cosa importantísima, aunque no sea sino ayudarse unos a otros con sus oraciones, ¡cuánto más que hay muchas más ganancias! […] De mí sé decir que, si el Señor no me descubriera esta verdad y diera medios para que yo muy ordinario tratara con personas que tienen oración, que cayendo y levantando iba a dar de ojos en el infierno. Porque para caer había muchos amigos que me ayudasen; para levantarme hallábame tan sola, que ahora me espanto cómo no me estaba siempre caída, y alabo la misericordia de Dios, que era solo el que me daba la mano»[5].

b) Hay un tipo de conversación en el Espíritu que podemos llamar «apostólica». Es apostólica en cuanto que constituye un modo de apostolado. Busca proponer un cauce común e iniciar para que otros vengan a verter en él. Veíamos más arriba que Ignacio de Loyola la ejerció y la propuso a los jesuitas. De hecho, para él y sus compañeros fue un medio privilegiado de apostolado. Se trataba de suscitar en los interlocutores otras inquietudes sobrenaturales de mayor entrega y servicio al Reino. En

---

[5] Santa Teresa de Jesús, *Libro de la Vida*, cap. 7,20-22, en *Obras completas*, BAC, Madrid 2012, 58-59.

Teresa de Jesús también podemos encontrar lo mismo, cuando recomienda a sus monjas:

«Y por amor de Dios os pido que vuestro trato sea siempre ordenado a algún bien de quien hablardes, pues vuestra oración ha de ser para provecho de las almas [...]. Y es gran mal a las que tanta obligación tienen de no hablar sino en Dios, como las monjas, les parezca bien disimulación en este caso, si no fuese alguna vez para más bien. Este es vuestro trato y lenguaje; quien os quisiere tratar, depréndale [apréndalo]; y si no guardaos de deprender [aprender] vosotros el suyo: será infierno [...]. Ganaréis de aquí si no os viera quien se entendiere por esa lengua»[6].

c) El tercer tipo de conversación en el Espíritu se produce en una deliberación en común. Se trata de la conversación espiritual orientada al discernimiento en común. Es decir, cuando inspirados por el Espíritu, se busca juntos un bien común para todos. Dentro de este tipo de conversación en el Espíritu se pueden identificar al menos dos modalidades: 1) Cuando una comunidad debe tomar una decisión muy concreta, por ejemplo, abrir o no una obra apostólica nueva, o cerrar una obra ya existente porque algunos piensan que ya no cumple la función para la que fue creada. Ciertamente no faltarán ejemplos en comunidades religiosas, parroquiales, institutos, etc., que, en algún momento de su camino, hayan tenido que deliberar juntos y tomar una decisión concreta que afectaba a una comunidad, a una obra, etc. 2) Otras

---

6 Santa Teresa de Jesús, *Camino de perfección (códice de Valladolid)*, cap. 20, en *Obras completas*, BAC, Madrid 2012, 319-322.

veces se trata más bien de buscar juntos orientaciones para descubrir una dirección hacia donde caminar o, incluso, discernir la situación en que se encuentra el mismo grupo. Se trata de una búsqueda más amplia que la anterior. Un ejemplo puede ser preguntarse por las prioridades o las necesidades apostólicas del grupo o comunidad en los próximos años. Este tipo de conversación deliberativa se puede encontrar dentro de la vida religiosa, pero también en la vida de los movimientos laicales, de las parroquias, de las diócesis, en las conferencias episcopales, etc. Cada una de estas instituciones, según su propia constitución y estructura tiene modos diversos de tomar la decisión final. Esto se debe principalmente a los diferentes modos en que se vive el servicio de autoridad en cada una de ellas. Pero en todos los casos es clave la escucha activa y vulnerable de lo que cada persona ha aportado en pos del bien común.

A la conversación en el Espíritu que tiene como finalidad «hablar familiarmente de las cosas de Dios» José García de Castro la llama «conversación espiritual abierta», porque es directa, espontánea en el sentido de que no precisa de mayor preparación. García de Castro distingue también la conversación espiritual que denomina «orientada o pautada»[7]. La llama así porque sigue un orden y un método que debe ser acogido por los participantes. Esta modalidad está más directamente dirigida al discernimiento y recomendada en el proceso sinodal; tiene como fin profundizar en algún punto concreto de la

---

[7] J. García de Castro, *La voz de tu saludo, acompañar, conversar, discernir*, Sal Terrae, Santander 2019 (cf. cap. 8).

vida espiritual o ser un instrumento de ayuda para que un grupo discierna una decisión.

Estos dos tipos de conversación en el Espíritu, «la abierta» y la «orientada o pautada», son los de mayor interés para nosotros en cuanto que favorecen la comunión sinodal. La abierta en cuanto es espontánea y natural entre personas creyentes, se da espontáneamente y crea amistad o comunidad. La orientada o pautada, en cuanto que se indica más específicamente para acompañar el proceso sinodal y aporta el ingrediente del discernimiento en común. Esta conversación en el Espíritu pautada es la que mejor se adapta y, de hecho, se está poniendo en práctica en muchas iglesias particulares del mundo donde se impulsa el camino sinodal. En el *Documento final* de octubre de 2024, que fue aprobado por el papa Francisco como «orientación autorizada para la vida y la misión de la Iglesia»[8], la conversación en el Espíritu es recomendada como «metodología de trabajo sinodal»[9].

Pero en el contexto eclesial, en general, podríamos decir que se está desarrollando una «conversación en el Espíritu sinodal», allí donde un grupo de personas se reúne en clima orante, comparte cada una el fruto de su oración y todos buscan escuchar al Espíritu en la oración y en el grupo a través de las intervenciones de los demás. Esta conversación siempre va a ayudar a trascender y a dar hondura a un encuentro, ya sea personal o grupal.

Por otro lado, la «conversación en el Espíritu sinodal pautada» es siempre grupal, comunitaria y, como

---

[8]   *Nota de acompañamiento del Santo Padre Francisco al Documento final de la segunda sesión del Sínodo*, en https://loyol.ink/gdied

[9]   *Documento final*, 105.

veremos, precisa de algunos elementos por los que propiamente se le denomina «pautada». Esta nos ayuda a fortalecer la comunión y orientarnos con otros en la toma de decisiones y en el discernimiento de la voluntad de Dios sobre cuestiones específicas.

Ambos tipos, pero más específicamente el «orientado o pautado», están al servicio de lo esencial del Sínodo: buscar desde las sugerencias que el Espíritu pone en cada corazón el fortalecimiento, ya sea de la comunión dentro de la Iglesia, de la participación de todos los bautizados desde sus dones y carismas específicos, o para llevar delante de modo más evangélico la misión. El ejercicio de la conversación en el Espíritu es de gran valor para el crecimiento espiritual de los que en ella participan y, por ende, de la comunidad eclesial. En ambas el protagonista es el Espíritu Santo que mueve el interior de cada persona y se comunica con ella.

Esta modalidad de conversación en el Espíritu, aunque estuvo en los orígenes de la Compañía de Jesús, ha estado olvidada hasta el último cuarto del siglo XX[10]. El origen de la conversación en el Espíritu «orientada o pautada»

---

[10] El artículo dedicado a la conversación espiritual de M. NEPPER, *op. cit.*, no menciona esta modalidad de conversación en el Espíritu pautada, ni siquiera pone en relación la deliberación de los primeros jesuitas con la conversación espiritual. No trata de una conversación espiritual orientada al discernimiento. En la tesis doctoral de Darío RESTREPO, *Diálogo: Comunión en el espíritu. La conversación espiritual según S. Ignacio de Loyola 1521-1556*, CIRE, Bogotá 1975, al estudiar la evolución de la conversación espiritual se estudian las deliberaciones de los primeros compañeros y se llega a una conversación en el Espíritu orientada al discernimiento (cf., por ejemplo, p. 263), aunque aún no desarrolla ningún método o pauta para dicha conversación.

como la conocemos hoy lo encontramos en el ISECP (Ejercicios Espirituales Ignacianos para la Persona Corporativa, siglas en inglés), en Canadá desde 1977, que la ha venido desarrollando y difundiendo. Este equipo respondió creativamente a las necesidades de su tiempo enriqueciendo la práctica de los Ejercicios de san Ignacio, considerando a cada grupo como una persona singular, animada por el Espíritu y llamada a tomar decisiones en común. Unos años más tarde, en Bélgica, otro grupo de jesuitas que conformaron el ESDAC[11] (Ejercicios Espirituales para un Discernimiento Apostólico en Común) desarrolló modalidades de conversación en el Espíritu orientada al discernimiento apostólico en común en continuidad con el ISECP[12].

Este modo de practicar la conversación en el Espíritu, pautada y orientada al discernimiento, puede

---

[11] https://esdac.net/?lang=es. También se puede consultar M. Bacq (et une équipe ESDAC), *Pratique du discernement en commun*, Lessius, Bruxelles 2022.

[12] Cf. F. Janin, «Discernir juntos en grupos pequeños»: *Manresa* 94 (2022), 61-70. En la Congregación General 36 de la Compañía de Jesús, celebrada en 2016, se retoma con fuerza la importancia de la conversación en el Espíritu para la vida de la Compañía de Jesús. En el decreto 1, «Compañeros en una misión de reconciliación y de justicia», se señala expresamente que la conversación en el Espíritu es un instrumento esencial que debe animar el discernimiento comunitario. Y la define como «un intercambio caracterizado tanto por la escucha activa y receptiva, como por la expresión de aquello que nos toca más hondamente; ella intenta tomar en consideración los movimientos espirituales, individuales y comunitarios, con el fin de elegir el camino de la consolación que fortifica la fe, la esperanza y la caridad». Compañía de Jesús, *Congregación General 36*, Mensajero, Bilbao 2017, d. 1, n. 12.

encontrar su raíz en las deliberaciones de los primeros jesuitas. Es una experiencia en la que vale la pena detenernos. Su metodología puede inspirarnos para diferentes realidades que vivimos en las parroquias, diócesis, movimientos eclesiales, así como al interior de la vida religiosa, que precisan del discernimiento en común.

3

Un ejemplo: la deliberación de los primeros jesuitas en 1539

Llegado el momento, Ignacio y sus primeros compañeros tuvieron que sentarse para conversar, discernir y decidir juntos sobre el camino a seguir en adelante. En la cuaresma de 1539, ya en Roma, tomaron importantes decisiones para la fundación de la nueva orden y su forma de vida. De esta deliberación nos ha quedado una especie de acta[1] en la que podemos inspirarnos para un modo de conversar pautado orientado a discernir juntos.

Como ya hemos visto, no era la primera vez que hacían deliberación para tomar decisiones. En 1534 habían decidido hacer votos de pobreza y castidad, además de voto de ir a Jerusalén. Una vez allí decidirían si quedarse o volver. Pero durante el año que se habían dado para

---

[1] *Monumenta Ignaciana*, series tertia, I,1-7. Todas las citas, salvo que se diga lo contrario, pertenecen a este documento de pocas páginas. En todo este apartado y a lo largo del libro somos especialmente deudores de unas páginas mecanografiadas de José Antonio García Rodríguez sobre el discernimiento en común que no llegaron a publicarse. Muchas de sus ideas están recogidas en C. Jiménez, «El discernimiento apostólico en común. Entrevista a José Antonio García»: *Manresa* 90 (2018), 27-37.

esperar el barco a Tierra Santa, no hubo ninguno disponible. Al no poder ir, siguieron el camino alternativo previsto y se ofrecieron al papa para que los distribuyera donde más necesitara. El grupo era consciente de ser una comunidad congregada por el Señor. Era llegado el tiempo en que el papa los iba a dispersar. Entonces,

«... resolvimos tener juntas entre nosotros por muchos días antes de la separación, y tratar de esta nuestra vocación y forma de vivir [...]. Teníamos acerca de este nuestro estado variedad de sentencias y opiniones, si bien todos con una misma intención y voluntad de buscar la beneplácita y perfecta voluntad de Dios, según el blanco de nuestra vocación. Pero en cuanto a los medios más expedientes y fructuosos, tanto a nosotros cuanto a los demás prójimos nuestros, había alguna pluralidad de sentencias».

Tenían una única finalidad, un bien común que todos perseguían: «Todos con una misma intención y voluntad de buscar la beneplácita y perfecta voluntad de Dios». Pero en cuanto a los medios, había diversidad de pareceres, «pluralidad de sentencias».

Conscientes de que Dios no niega su gracia a quien se la pide con un corazón humilde y sencillo, juntos tomaron una decisión previa de poner como base de su discernimiento algunos medios espirituales y recta intención:

«Decretamos por último y establecimos, por sentencia concorde, instar con mayor fervor de lo acostumbrado a la oración, sacrificios y meditaciones; y después de aplicada de nuestra parte alguna diligencia, echar en lo demás nuestro pensamiento a los pies del

Señor, esperando en él, como tan bueno y liberal, que así como no niega el buen espíritu a ninguno que se lo pide en humildad y simplicidad de corazón (antes lo da a todos con afluencia sin improperar a alguno), tampoco nos faltaría, sino que nos asistiría por su benignidad, con abundancia mayor de lo que pedimos o entendemos».

Junto con estos medios espirituales, los primeros jesuitas también emplearon «todos los recursos humanos», afrontando «algunas dudas dignas de diligente y madura consideración y providencia sobre las que solíamos pensar y meditar durante el día, investigándolas también por medio de la oración; y de noche cada uno proponía a los demás lo que había juzgado ser mejor y más expediente, para que todos abrazasen la sentencia más verdadera, examinada y aprobada por el mayor número de votos, y por las razones más eficaces».

En su conversación pretendían «que nada afirmemos por nuestro capricho y propio espíritu, sino solamente lo que el Señor inspirare (sea lo que fuere), y confirmare y aprobare la silla apostólica». Lo que se traerá a la conversación es solamente lo que el Señor inspirare, acogido con un espíritu eclesial. Esta actividad requiere discernimiento.

En esta descripción inicial de las deliberaciones que darían origen al nuevo Instituto, es posible entrever algunos elementos iniciales del método empleado. El discernimiento espiritual en común precisa, como punto de partida, una elección renovada y consciente de Dios-Amor como fundamento. Necesita de un ambiente espiritual muy concreto, que se expresa en la oración y en la eucaristía; también el uso de los medios humanos y, por último, la alternancia de dos tiempos de búsqueda, el personal y el grupal. El personal contiene distintos tipos de actividad: reflexión, meditación, oración y examen. El grupal se compone de cuatro momentos: la puesta en común del parecer personal, el examen de los diferentes puntos de vista, el reconocimiento del «más verdadero» y, finalmente, la decisión compartida, mayoritaria o unánime.

El discernimiento espiritual en común presupone la existencia sobre cada miembro y sobre el grupo o comunidad una voluntad firme, un sueño concreto, de Dios. Esto es difícil de entender o acoger para el hombre y la mujer escépticos modernos. Pero si no se cree que existe una voluntad específica y un proyecto de amor de Dios sobre nosotros no existe el discernimiento ni la conversación en el Espíritu encaminada a él.

La búsqueda de esta voluntad, de ese sueño, ha de hacerse desde el Espíritu de Dios y no desde el propio espíritu individual, desde la ideología o desde la compulsión psicológica. Esto implica una escucha abierta, un oír la percepción espiritual de otros de un modo vulnerable; es decir, abierto al cambio, dejándose invadir y afectar, reconociendo que el Espíritu también habla por los otros. Lo que Dios quiere de nosotros también nos llega a través de una escucha honda de lo que el Espíritu le dice a cada uno, no solo a los más fuertes. En este proceso los fuertes se hacen débiles y los débiles fuertes. La conversación nos ha puesto en pie de igualdad. Esto excluía completamente el sistema de pasillos, de grupos de presión y los modos más o menos encubiertos de ir formando «opinión pública». Cada uno aportaba el fruto de su meditación y oración.

Pero este compartir cómo les iba moviendo el Espíritu con relación a la cuestión que discernían no les impedía presentar también sus miedos, incertidumbres, aspiraciones, deseos y esperanzas. Tampoco los retenía de decirse unos a otros lo que podían descubrir de orgullo o de deseo de poder o de seguridad, que a veces aparecían en las inclinaciones de algunos de ellos.

Algo esencial que se buscaba en este proceso deliberativo era que no se rompiera la unión de corazones. Eso, porque juntos estaban construyendo un cauce común. Esto no lo garantiza el sistema de discusión, y menos hoy, con la dispersión ideológica que existe.

El proceso intentaba ser operativo, se pretendía alcanzar una decisión. Hasta aquel momento las decisiones del grupo, fruto de sus discernimientos en común, usualmente eran tomadas vía votación. Sin embargo, las decisiones de las «Deliberaciones» de 1539, que fueron sin duda las más importantes de todas por ser lo que los constituyó en Instituto y obedecer a uno de ellos, fueron tomadas por unanimidad.

En los procesos actuales de deliberación en común, la decisión se toma por votación o por un decantado del sentir del grupo, o corresponde a quien tiene el carisma de la autoridad. Esto depende del tipo de tema o decisión que se discierna y del tipo de comunidades o grupos que disciernen. Siempre se decide tras haber escuchado lo que cada uno ha sentido en el Señor.

El método seguido

A Ignacio de Loyola no se le reconoce gran originalidad en la historia de la espiritualidad en cuanto al contenido de sus *Ejercicios espirituales* o de las *Constituciones de la Compañía de Jesús*. En ello debe mucho a la historia de la espiritualidad de la que se alimentó. Sí se le suele reconocer el haber propuesto un método para ayudar a los demás con sus *Ejercicios espirituales* y sus reglas de discernimiento, cuyo contenido se podría encontrar en la literatura de los padres del desierto y en los libros que él leyó. En este caso de la deliberación, su ayuda también puede venir del método, pues conversar espiritualmente y deliberar juntos para dejarse conducir por el Espíritu tiene sus reglas y, como veremos, los primeros jesuitas las explicitaron. En la deliberación de 1539 hay tres pasos importantes que pueden iluminar nuestras deliberaciones sinodales: 1) decidir bien la materia de elección, 2) cuidar las actitudes interiores, y 3) un modo de comunicarse sin confrontación. Todo ello realizado en un clima orante.

Definir bien lo que se quiere discernir

Los primeros jesuitas lo lograron en sus deliberaciones. Ellos veían que según su vocación el papa comenzaba a dispersarlos y que, si no existía un servicio de unidad dentro, se diluiría lo que Dios había hecho con ellos. Definieron bien lo que debían decidir: tener o no un servicio de unidad que ayudara a mantenerlos como un cuerpo. Hay que subrayar que en este tipo de procesos de búsqueda es muy importante que el tema a discernir esté claro para todos los implicados. En esta deliberación los primeros jesuitas no discernían fines, es decir, no se planteaban si querían ser mejores, o si tenían que mejorar el servicio al Señor o cumplir su voluntad. Buscaban el medio que más conducía al fin.

El primer tema que trataron fue si, una vez dispersados por el papa (que quería mandarlos a diversas partes de Europa), los demás debían quedar con cuidado de ellos y mantener inteligencia mutua, o no habían de cuidar más que de otros que estuvieran fuera de la Compañía. Decidieron de modo concorde mantenerse vinculados. Hecha la primera decisión, se les planteó otra duda: si hacer voto de obediencia a uno de ellos o, lo que es lo mismo, si fundar una nueva orden religiosa para mantenerse unidos, cuando el papa los dispersase. Esta decisión les costó más. Tras muchos días dados a la oración y «sin que nada ocurriese que llenase nuestros ánimos», tras plantearse varias posibilidades, entre ellas «si retirarse treinta o cuarenta días al desierto», deciden quedarse en Roma. Así no interrumpirían sus apostolados, dedicando a estos la tarde y dedicando la mañana a la oración. Se vieron obligados además a proponer algunas actitudes interiores para ser mejor conducidos por el Espíritu.

Cuidar las disposiciones interiores

Como veíamos más arriba, un clima orante será esencial. Las cuestiones, según su importancia, piden más o menos oración. Los *Ejercicios espirituales* están siempre implícitos en estas deliberaciones. Sus modos de elección, sus reglas de discernimiento, y algunos principios generales que en ellos aparecen están implícita o explícitamente presentes. Uno de estos consejos parece especialmente apropiado para la conversación en el Espíritu. Se propone al comienzo de los *Ejercicios* para facilitar la comunicación entre el que da y el que hace los ejercicios:

«Se ha de presuponer que todo buen cristiano ha de ser más pronto a salvar la proposición del prójimo, que a condenarla; y si no la puede salvar, inquiera cómo la entiende, y, si mal la entiende, corríjale con amor; y si no basta, busque todos los medios convenientes para que, bien entendiéndola, se salve»[2].

Este presupuesto a toda conversación crea, sin duda, una buena predisposición a escuchar y acoger lo que cada uno aportará, buscando hacer siempre una interpretación benévola de lo que se escucha. Cabe pensar que cada uno de los que participaban en este discernimiento lo tenía bien interiorizado.

Ante la dificultad del tema a decidir, tuvieron que buscar nuevas ayudas, que nos permitirán ahondar un poco más en las actitudes requeridas para la conversación en en el Espíritu orientada al discernimiento. Se propusieron entonces, «a todos y cada uno las tres preparaciones del ánimo siguientes»:

La primera: *pedir a Dios lo contrario al propio sentir*, estar dispuesto a todo, «que cada cual de tal modo se preparase, y de tal suerte se diese a oración, meditación y sacrificios, para esforzarse en conseguir un gozo y paz en el Espíritu Santo acerca de la obediencia, trabajando de su parte por tener la voluntad más inclinada a obedecer que a mandar, siempre que fuese de igual gloria y alabanza de su divina Majestad».

Trataban de este modo de acercarse a la conversación con la máxima flexibilidad interior para poder ser más fácilmente movidos por el Espíritu. Vaciándose, diríamos hoy, de sus *a priori*, liberándose de los posibles amarres

---

[2]   *EE*, 22.

afectivos o ideológicos. Para ello, buscan la aceptación interior de lo que de entrada parecía más difícil o resultaba menos apetecible o les sacaba de su zona de confort.

En los *Ejercicios espirituales*, cuando uno se siente muy amarrado a una opción antes de entrar en el discernimiento, san Ignacio propone:

«Que cuando nosotros sentimos afecto o repugnancia [por ejemplo] contra la pobreza actual, cuando no somos indiferentes a pobreza o riqueza, mucho aprovecha, para extinguir el tal afecto desordenado, pedir en los coloquios (aunque sea contra la carne) que el Señor le elija en pobreza actual; y que él quiere, pide y suplica, solo que sea servicio y alabanza de la su divina bondad»[3].

La segunda: *asumir hasta el fondo y ante Dios la propia libertad y responsabilidad*, «que ninguno de los compañeros hablase de este punto con otro, ni preguntase razones, a fin de que ninguno fuese arrastrado por la persuasión de otro, y se inclinase más a obedecer que a no obedecer o al contrario; sino que cada uno buscase solo aquello que de la oración o meditación sacase como más conveniente». El cortar la comunicación entre ellos, diríamos hoy, es también un modo de evitar *lobbies*, grupos de presión o formación de opinión pública para acoger con más limpieza lo que viene de arriba.

La tercera: *ponderar con distancia lo mejor, de modo autónomo y disponiéndose a asumir como propia la decisión tomada por el grupo*, «que cada cual se imaginase como extraño de esta nuestra congregación, y en la que nunca esperaría ser recibido; porque en esta

---

[3] *EE*, 157.

consideración no se dejase llevar de ningún afecto a opinar o juzgar en favor de uno de los extremos, sino que como si fuese extraño, dijese con libertad su sentir acerca del propósito de obedecer o no obedecer; y por último, confirmase y aprobase con su juicio aquella parte, por medio de la cual creyese haber de resultar el mayor servicio de Dios, y la más segura y perseverante conservación de la Compañía». Al imaginarse extraño a la congregación, se toma una sana distancia por la que se busca el bien común antes que el bien para sí mismo, de modo que se pondere lo que es mejor.

La doble vuelta: todos buscan el bien común sin enfrentarse

Dispuestos interiormente del modo dicho, un día se disponían todos a traer el sentir interior y las razones contra la obediencia. «Con estas previas disposiciones del ánimo, ordenamos que el día siguiente nos juntásemos todos, preparados para decir cada uno los inconvenientes que pudiese haber contra la obediencia. Las razones que ocurrían, y las que cada uno de nosotros había hallado a solas, pensando, meditando y orando. Y cada cual por su orden decía lo que había discurrido».

Al día siguiente, conversaban situándose todos en la tesis contraria, «en el día inmediato siguiente discurríamos en contrario, proponiendo las utilidades y frutos de la misma obediencia que cada uno había sacado de la oración y meditación; y cada cual por su orden profería lo que había meditado».

A esto nos referimos con la *doble vuelta*: un día todos están a favor y se disponen interiormente a ello y otro día todos se ponen en la posición contraria. No se debe confundir la doble vuelta con «las tres rondas» de la conversación en el Espíritu, que veremos más adelante. Esta doble vuelta es muy importante para «no romper la unidad de corazones». Nunca se enfrentan unos contra otros, siempre están del mismo lado. Esto permite que no sean nunca rivales, sino compañeros que buscan juntos la voluntad de Dios, dispuestos a acogerla, cualquiera que esta sea. Esto no coarta a nadie, simplemente se evita la dialéctica de confrontación. No se discute, se conversa, se vierte en el cauce común.

A la conversación se traía el sentir interior o las razones que se habían encontrado durante la oración. Cada uno por su orden iba vertiendo lo que había sacado de su oración y meditación. Cuando se habían dado las dos vueltas, a favor y en contra de la materia sometida a deliberación, se quedaba cada uno tratando de interiorizar, también en clima orante, las propias mociones y las de los otros, haciéndose una opinión pacíficamente poseída:

«Pasados, pues, muchos días en que por una y por otra parte ventilamos largamente acerca de la solución de la duda, pesando y examinando las razones de mayor momento y eficacia; vacando a los ejercicios acostumbrados de la oración, meditación y consideración; favorecidos, finalmente, del auxilio divino, concluimos (no por pluralidad de votos, sino por total concordia de dictámenes) sernos más expediente y necesario dar obediencia a alguno de nosotros, para mayor y más exactamente poder ejecutar nuestros primeros deseos de cumplir en todo la voluntad divina, para más seguramente conservar la Compañía, y en fin, para poder dar decente providencia a los negocios particulares ocurridos, así espirituales como temporales».

Así siguieron durante tres meses, decidiendo sobre los pormenores de la nueva forma de vida. El método, como se puede ver, es para cuestiones de importancia y en él participan todos los implicados: la cuestión que se discierne tiene que afectar a todos los que están en el proceso. Si no se está dentro no hay movimientos interiores que compartir.

Una ventaja de este método es que tras la escucha abierta y vulnerable, el camino recorrido con los otros ayuda a comprender mejor las razones para haber tomado esta decisión. Esto, aunque la decisión final sea distinta a lo que uno previamente sentía antes del proceso o, incluso, de lo que uno hubiera podido concebir durante el mismo. La forma de andar el camino facilita la comunión.

4

Un modo de compartir y escuchar para acoger el Espíritu

La conversación en el Espíritu sinodal tiene sus reglas. Algunas pueden coincidir con la conversación que enriquece la vida cívica que hemos considerado más atrás. Pero lo que es de crucial importancia para que realmente aporte la Luz que necesitamos, es un *modo de escuchar y un modo de hablar* que nos ayude a acoger la acción del Espíritu en la Iglesia y en nuestras vidas.

Cuando la conversación en el Espíritu pautada se orienta a una decisión, no tiene necesariamente que tratar de temas o contenidos espirituales o religiosos. Pero sí incluye un discernimiento en común, que exige un modo de hablar y de escuchar que quiere ser fruto de la escucha del Espíritu del Señor que crea comunión e Iglesia. Esta conversación en el Espíritu nos pedirá afinar nuestra escucha para atender a los movimientos espirituales propios, de los demás y del grupo o comunidad. Una actitud de acogida y reverencia brota en el interior de uno mismo hacia los demás. Se toma en serio el hecho de que todos tratan de acoger una palabra que viene de lo alto, del Espíritu, a través del interior de cada participante. La conversación en el Espíritu pide generar un ambiente de confianza y lealtad de modo que todos puedan expresarse con libertad y franqueza.

En la conversación en el Espíritu no se valora tanto la unanimidad de opiniones o el tener una perspectiva común, cuanto la comunión de los corazones en la búsqueda de un bien común, en el deseo de obedecer a la voluntad de Dios, sea cual sea. El tener diferentes perspectivas enriquece la búsqueda y el discernimiento en común. Ayuda a descubrir los distintos modos en que el Espíritu está presente y actúa en el grupo.

Dos habilidades o prácticas básicas componen la conversación en el Espíritu: escuchar activamente y hablar intencionalmente[1].

La escucha activa y vulnerable

En la escucha activa se acoge y escucha a cada uno como es y en lo que dice. La llamamos activa porque en la escucha se presta atención a muchos niveles en la participación de los otros. Se trata de escuchar empáticamente, siempre tratando de comprender y acoger lo que otros dicen, lo que quieren decir o lo que han experimentado interiormente que, con frecuencia, solo se consigue expresar torpemente. Por ello la escucha ha de ser benévola,

---

[1]   Un documento muy práctico, con buenas explicaciones esquemáticas y pedagógicas del proceso de la conversación en el Espíritu orientada al discernimiento en común, en el que nos inspiramos en estas páginas, es el de JESUITS OF CANADA, *Communal Apostolic Discernment. A Toolkit*, aquí pp. 5-9 (en adelante, *Toolkit*), https://bit.ly/3XMYRhV

siempre tratando de salvar la proposición del prójimo[2]. La raíz de todo es la confianza de que el Espíritu actúa o puede actuar en todos y puede estar hablándonos a través de ellos. También una acogida radical de la otra persona acaba formando parte de la conversación en el Espíritu. Cuando escuchamos solo escuchamos. No preparamos nuestra intervención, sino que ponemos toda nuestra atención en la otra persona y en lo que esta comunica. Tampoco ponemos nuestros filtros ideológicos o nuestros prejuicios, sino que tratamos de escuchar despojadamente. No juzgamos a la persona que habla ni lo que dice. Simplemente la dejamos ser ella y que se exprese libremente desde su interior. Escuchar de este modo es un acto de respeto profundo y de amor. En la escucha se evitan los comentarios sobre lo que se oye, ni siquiera de aprobación o ánimo. Se busca condicionar lo menos posible las intervenciones de los miembros del grupo y que estas puedan ser lo más libres posible. Cuando uno no habla la escucha activa es su principal misión.

Lo que escuchamos activamente no nos deja como estábamos, nos afecta, nos mueve interiormente. También hemos de discernir estos movimientos que se causan en nosotros por lo que escuchamos. Tratar de ver de dónde vienen y a dónde nos conducen.

Hay una *escucha blindada*: a veces en los grupos ya nos conocemos muy bien y tenemos ciertas expectativas sobre lo que los demás van a decir. No es necesario ni siquiera que quien habla sea del partido contrario. Ya sé por dónde viene, preveo lo que va a decir y pongo barreras. No es un modo de acoger lo que el Espíritu

---

[2] *EE*, 22.

pueda decir a la comunidad a través de esta persona. Así fue recibido Jesús en su pueblo. Sabían que era el hijo del carpintero y de María; conocían a sus hermanos, sabían muy bien quién era… Esta actitud es la que hizo exclamar a Jesús: «Si hay un lugar donde un profeta es despreciado, es en su tierra, entre sus parientes y en su propia familia». Marcos concluye que Jesús, «no pudo hacer allí ningún milagro. Tan solo sanó a unos pocos enfermos imponiéndoles las manos» (Mc 6,3-5).

También hay una *escucha ideológica*. Esta tiene lugar cuando se escuchan las aportaciones de los demás para poder rebatirlas. Mientras el otro habla, uno ya tiene las conclusiones y ya sabe cómo debe concluir la conversación; en su interior va preparando su intervención o para rebatir o para neutralizar. Propiamente no hay escucha. El Evangelio está lleno de ejemplos cuando a Jesús le preguntan para ponerlo a prueba (cf. por ejemplo, Mt 22,15ss y 35ss; Mc 10,2). A quienes ya estaban anclados en sus ideas de cómo es y cómo debe ser Dios, la respuesta de Jesús no los va a cambiar. Es el caso del relato de la mujer adúltera (Jn 8,3-11), cuando los maestros de la ley la llevan ante Jesús. Su intención no es la de mantener una conversación franca con él, sino ponerle una trampa para acusarlo, debido al aferramiento que tenían a la letra de la ley. Los discursos de Jesús sobre el pan de vida y la polémica que despierta entre sus oyentes son también otro ejemplo que nos puede ayudar (cf. Jn 6,28-59).

Tampoco esta escucha ideológica contribuye al desarrollo de la escucha del Espíritu que, como nos dice el evangelio de san Juan, «sopla donde quiere: oyes su voz, pero no sabes de dónde viene ni a dónde va» (3,8).

La escucha *de maestro a discípulo o viceversa* tampoco es propia de una conversación orientada al discernimiento en común, donde todos «somos discípulos en la santa escuela del Espíritu», todos somos oyentes de la Palabra y todos aportamos en pie de igualdad.

En la conversación en el Espíritu sinodal pautada orientada al discernimiento es importante que el grupo –o al menos el facilitador o la facilitadora– se haga sensible a los posibles boicoteadores del discernimiento. Estos pueden ser muy sutiles, pueden usar estrategias conscientes o inconscientes orientadas a alcanzar unas conclusiones prefijadas e impiden la obra del Espíritu. Puede ayudar tener un momento de examen al acabar la conversación en el Espíritu para detectar estos fallos en el discernimiento.

La escucha necesaria en la conversación en el Espíritu, además de abierta, es *vulnerable*. Se trata de elaborar lo que hemos escuchado a otros, lo que de ello nos ha movido interiormente; de reconocer cómo nos ha afectado en lo profundo y acoger esa nueva gracia que nos llega por los otros. Es una escucha abierta a dejarnos cambiar por lo que hemos escuchado, después de ponderarlo en nuestro interior en oración, y de acogerlo como recibido del Espíritu. Esto implica abrirse a que lo que el otro diga pueda cambiar nuestras propias precomprensiones, certezas, puntos de vista o visiones de los problemas.

Uno de los efectos espirituales más positivos de la conversación en el Espíritu es que nos mueve y nos saca de dónde estábamos. Un bello ejemplo de esta escucha vulnerable es la conversación de Jesús con la mujer sirofenicia. En este encuentro Jesús se vio sorprendido y admirado por la sencillez y la fe firme y perseverante de esta mujer pagana que le pedía salud para su hija. A pesar de que Jesús vino a salvar a todos, pensaba que el designio del Padre era no salir de las fronteras de Israel. A la misma sirofenicia le dice, «no he sido enviado sino a las ovejas perdidas del pueblo de Israel». La apertura y la escucha vulnerable de Jesús en la conversación con ella hizo que se conmoviera ante su fe y obrara el milagro, cambiando la primera respuesta, atendiendo a una gentil, cambiando la comprensión previa de su misión (cf. Mt 15,21-28).

La intencionalidad en el compartir[3]

Al expresar y compartir lo que hemos experimentado en nuestra oración, nuestro hablar es intencional, tratamos de expresar la propia experiencia, los sentimientos, los pensamientos respecto al tema de conversación. Compartimos lo que sentimos en el Señor, los movimientos interiores que reconocemos producidos por el Espíritu. El hablar intencionalmente requiere haberse escuchado activamente a uno mismo y, en algún modo, haber discernido lo experimentado. Esto significa «salir del propio amor, querer e interés»[4], buscando compartir despojadamente lo que uno cree que es don del Espíritu para el tema que ocupa la conversación y el discernimiento. Aunque despojado y discernido, lo que cada uno comparte es lo que ve y siente. Por ello es intencional.

Es muy deseable que las intervenciones sean independientes. Evitar la dependencia o influencia de unos

---

[3] Cf. *Toolkit*, 5-9.
[4] *EE*, 189.

en otros. También es importante no dejarse conducir por la propia querencia, amarres afectivos o ideológicos. El modo como el Señor se nos comunica es único y particular. Al compartir intencionalmente cada uno se responsabiliza de lo que siente, de lo que interpreta y de lo que dice. Hay un bonito intercambio entre la escucha activa y el hablar intencional, así entendidos, que puede ir sacando de cada uno lo mejor de sí mismo.

La conversación en el Espíritu también exige un modo de manifestarse, un modo de compartir lo que se ha recibido en la oración. La *espontaneidad* da salsa a la comunicación y es agradable. Pero la espontaneidad es un modo limitado para una conversación en el Espíritu pautada orientada al discernimiento, que requiere un momento previo de oración y de preparar lo que uno va a compartir con humildad, brevedad y gravedad. La espontaneidad no es el modo de conversar para llegar a las decisiones importantes.

Compartir desde la cabeza, desde *la inteligencia*, el cruce de análisis y visiones, puede ser profundo y visionario, pero la fuente es uno mismo. Y buscamos acoger una palabra de Dios. Ciertamente la inteligencia, los análisis y las visiones son positivos y deben de tener su lugar en el caminar juntos sinodalmente, pero es impropio cuando tratamos de discernir escuchando lo que viene del Espíritu. Protegerse con pensamientos propios, estudios, razonamientos, argumentaciones sutiles, puede ser una tentación para impedir exponernos interiormente en un grupo y dejarnos desarmar por la Divina Bondad.

Expresarse desde los afectos goza de alta valoración, pero tiene sus límites. Puede acabar en asfixia cuando se trata de un juego de demandas que satisfacer, cuando no hay un cauce común y se vierte el propio yo en el otro. También puede acabar en sensiblería o sentimentalismo cuando nos quedamos en niveles epidérmicos del sentir. Es la semilla que cae entre piedras, que difícilmente arraiga o lo hace muy superficialmente y no llega a desarrollarse. La deseable comunicación de la conversación en el Espíritu, especialmente cuando está orientada al discernimiento, es *desde el corazón*, en un sentido bíblico, desde el centro mismo de la persona habitado por el Señor. El corazón no es una esfera separada, es el crisol de todo lo que pasa por el ser humano. La comunicación con el Señor es de corazón a corazón y es desde ahí desde donde debemos comunicarnos también con los demás en la conversación en el Espíritu. Un corazón limpio, desnudo y despojado es la sede del «sentir interior», de la sensibilidad espiritual, de lo que en la tradición se llamaron «los sentidos espirituales». Ese corazón es el que integra y saca lo mejor de la espontaneidad, del afecto y de la inteligencia. Como cuando Lucas nos dice que «María lo conservaba y meditaba todo en su corazón» (Lc 2,19 y 51).

La encíclica *Dilexit nos*, publicada por el papa Francisco coincidiendo con la conclusión del Sínodo sobre la sinodalidad en octubre de 2024, comienza con un capítulo sobre la necesidad de recuperar el significado del corazón, este núcleo profundo de nosotros mismos que nuestra sociedad de tantas maneras ha perdido de vista.

«Tal vez porque el encuentro con el otro no se consolida como camino para encontrarse a sí mismo, ya que el pensamiento vuelve a desembocar en un individualismo enfermizo. Muchos se sintieron seguros en el ámbito más controlable de la inteligencia y de la voluntad para construir sus sistemas de pensamiento. Por no encontrarle lugar al corazón mismo, distinto de las potencias y pasiones humanas consideradas aisladamente unas de otras, tampoco se desarrolló ampliamente la idea de un centro personal donde lo único que puede unificar todo es, en definitiva, el amor»[5].

Es en el corazón donde discernimos. Tanto el compartir como el escuchar requiere un discernimiento previo para acoger lo que es de Dios y solo compartir lo que es de Dios. San Juan advierte, «no os fieis de cualquier inspiración. Examinad los espíritus para ver si vienen de Dios» (1 Jn 4,1). Casiano, por su parte, utiliza la imagen de los cambistas, que tienen que aprender a distinguir el oro puro de aquel que no ha sido purificado en el crisol; pesar las monedas y ver si el metal es bueno o solo tiene la apariencia. «Y, ante todo, cualquier pensamiento que se desliza en nuestro corazón, cualquier máxima que se nos sugiere, examinémoslos con suma diligencia. Debemos considerar si está en plena consonancia con la norma suprema del Espíritu Santo y resiste la prueba del fuego divino, o [...] si proviene de la pedantería e hinchazón propias de la filosofía del siglo, aunque en lo exterior se nos proponga con capa de piedad»[6].

---

[5] PAPA FRANCISCO, *Dilexit nos*. *Carta encíclica sobre el amor humano y divino del Corazón de Jesucristo*, 10.
[6] Juan CASIANO, *op. cit.*, vol. I, I, XX, p. 30.

Beneficios de la conversación en el Espíritu

La conversación en el Espíritu favorece el crecimiento personal y el conocimiento mutuo entre los miembros del grupo. Da la oportunidad de crecer en una comunicación profunda y personal, difícil de conseguir si no viene ayudada por la estructura o la pauta para la conversación y el cultivo de las disposiciones interiores. La conversación puede ser una buena ayuda para resolver conflictos, para que se reconcilien los desavenidos, para vencer la polarización de un grupo, para crecer en comunión y fortalecerlo y, si comparten misión, reforzarla o encontrar nuevos caminos inspirados por el Espíritu.

En el caso de que la conversación estuviera orientada hacia una toma de decisión, esta, alcanzada y asumida por todos, será fuente de unión y robustecimiento de los vínculos de la comunidad. Todos los participantes se sentirán implicados en el proyecto que comience con esa decisión, lo cual le otorgará una consistencia y energía extraordinarias.

La conversación en el Espíritu cuando se hace hábito es una escuela de virtudes. El modo de escuchar, el modo de hablar y las disposiciones interiores requeridas van configurando hábitos del corazón en los participantes: escucha pacífica y abierta, espíritu participativo, gratuidad, humildad, discreción, fraternidad y obediencia (que también es virtud).

5

Disposiciones interiores[1]

Para el *Documento final* del Sínodo, la sinodalidad «es ante todo una disposición espiritual», que «brota de la acción del Espíritu Santo». Requiere «escuchar la Palabra de Dios, la contemplación, el silencio y la conversión del corazón» y exige «ascesis, humildad, paciencia y disponibilidad para perdonar y ser perdonado»[2]. El proceso iniciado, ayudado por la conversación en el Espíritu, nos puede hacer crecer en disposiciones evangélicas, en tener una escucha más profunda y en curar heridas y divisiones.

La conversación en el Espíritu, sea abierta o pautada, tiene sus reglas que en alguna medida modelan a quienes participan en ella. Al mismo tiempo requiere

---

[1] Es necesario insistir en la importancia de las disposiciones previas para que la conversación espiritual sea verdaderamente en el Espíritu y el discernimiento, personal o en común, sea verdadera búsqueda de la voluntad de Dios. Son ilustrativos los artículos de A. GUILLÉN, «Los engaños del discernimiento»: *Manresa* 82 (2010), 15-25; y T. CATALÁ e I. BONÉ, «Disposiciones personales ante el discernimiento comunitario»: *Manresa* 90 (2018), 49-62.

[2] *Documento final de la segunda sesión*, 43. https://loyol.ink/gdied

unas actitudes o disposiciones previas de los participantes. La tradición espiritual tanto del Oriente como del Occidente nos ofrecen algunos consejos preciosos para poder ser más ciertamente conducidos por el Espíritu Santo, que nos indican un camino de conversión.

a. Hablar y escuchar en pie de igualdad

Ya hemos dicho que la conversación en el Espíritu no es ni discusión ni disputa ni debate, ni siquiera diálogo sobre temas espirituales. Con frecuencia algunos de los participantes en una conversación en el Espíritu sinodal tienen buena formación en teología. Esto podría hacer derivar la conversación en el Espíritu a lo teórico, al análisis intelectual de los problemas, a exponer o defender ideas racionalmente. Otros participantes tienen responsabilidades de liderazgo o en la animación en la Iglesia, la tentación podría ser tratar de persuadir a otros para acoger las propias visiones y, por ende, alcanzar soluciones de una manera efectiva y rápida, pasando por encima de la escucha del Espíritu y de la escucha de lo que el Espíritu dice a través de cada uno.

Es indudable la gran importancia y el valor insustituible de la formación académica, del rigor intelectual, de la pericia para defender las propias ideas y argumentar, o de la eficiencia para la resolución de cuestiones, que ciertamente podrán tener su lugar en el camino sinodal. Pero en la dinámica específica de la conversación espiritual estas cualidades pueden ser un obstáculo, pues las ideas, los razonamientos y argumentaciones pueden ahogar el Espíritu, haciendo de *bypass* a la escucha en profundidad y dificultando el aflorar de las mociones y las sugerencias del Espíritu.

La antigua sabiduría de los padres del desierto, recogida por Casiano, nos recuerda que «ocurre a menudo, sea por ilusión diabólica, sea por falencia humana –porque no hay nadie en este mundo que no esté sujeto a error–, que aquel que posee más ciencia y mayor penetración natural se forja ideas falsas; en tanto que una inteligencia más lenta y de menos alcances tiene una visión más amplia y certera de las cosas. Nadie está autorizado, por sabio que sea, a creer que podrá prescindir de los consejos de su hermano. Las ilusiones de Satanás le llamarán a engaño y no escapará a los lazos que le tenderán la elación y la soberbia. ¿Quién podría arrogarse tal independencia sin incurrir en daños irreparables?»[3].

Dios no ha prometido el acierto a los más fuertes, instruidos o inteligentes. En la conversación en el Espíritu, por tanto, dejamos las jerarquías, los roles y las funciones fuera. En ella todos somos hermanas y hermanos, discípulos en la escuela del Espíritu. La conversación en el Espíritu se tiene en pie de igualdad. Esto no quita que haya diversidad de carismas y que en el caminar juntos unos tengan el carisma de la autoridad, del magisterio, de la profecía, etc., pero cuando conversamos espiritualmente, nos despojamos de ello para aportar y acoger lo que el Espíritu nos dice a cada uno personalmente y a través de los demás. Lo escuchado nos capacita mejor para ejercer los diversos carismas.

---

[3]   Juan CASIANO, *op. cit.*, vol. II, XVI, XII, p. 69.

b. En la conversación rige el tema de la misma, que es un bien común

La autorreferencialidad no tiene lugar. Quien acaba siempre hablando de sí, de sus hazañas o de sus ideas, tiende a no reconocer el cauce común y a salirse del tema. Por otra parte, el tema de la conversación en el Espíritu es un bien común; esto da un tono positivo a la conversación. En la conversación espiritual deliberativa se discierne sobre un bien. Puede ser razonable detectar peligros o amenazas al bien que se busca, pero este no debe ser perdido de vista. El libro del Eclesiástico nos enseña que «la ciencia del mal no es sabiduría» (Eclo 19,22).

Hay un modo de hablar de los desafíos y de los problemas de la Iglesia que no ayuda y esta cita del Eclesiástico lo desautoriza. Un modo que nos esteriliza. No encontraremos la salvación en el mero conocimiento del mal, en examinar rigurosamente lo que no funciona en nuestra sociedad o en la Iglesia, en tener perfectamente diagnosticados los males contra los que luchamos y, a partir de ese conocimiento, plantear nuestra acción contra ellos. Esto suele acabar en voluntarismo.

Nosotros estamos de parte del bien, hemos sido salvados. No reaccionamos solo contra el mal, queremos proponer un bien. Vivimos de un don original al que buscamos dar cauce y poner en práctica en una cultura ambigua, para que sea fecundo. Tener mapas perfectos del mal contra el que luchamos puede ser una ayuda, pero no nos hará sabios. Enzarzarnos en el mal puede contagiarnos y requiere atención. No podemos centrarnos en el mal, sino en el bien que se nos revela, a veces de modo tenue. La sabiduría viene del bien, del don que hemos recibido, de acoger la Palabra –amor que desciende de arriba– y encarnarla en palabras y obras.

Esto nos exigirá crecer en sensibilidad para saber ver el bien que se nos revela en la vida, que la mayor parte de las veces se nos revela en un estado germinal.

c. La humildad en el modo de compartir y de escuchar

La conversación en el Espíritu nos hace humildes en el sentido de que, de entrada, no nos sentimos en posesión de la verdad, sino abiertos y abiertas a contribuir con lo que se nos muestra y a acoger lo que se nos ofrece a través de otros.

Por otra parte, la escucha activa requiere humildad, apertura, paciencia e implicación. La recomendación de san Pablo es muy pertinente: «No obréis por rivalidad ni por ostentación, considerando por la humildad a los demás superiores a vosotros, no os encerréis en vuestros intereses sino buscad los intereses de los demás. Tened entre vosotros los mismos sentimientos de Cristo Jesús» (Flp 2,3-5). La conversación en el Espíritu nos educa en un respeto reverencial por las intervenciones de los demás. Además, en no pocas ocasiones nos lleva a cambiar nuestras suposiciones, nuestras ideas de los otros o del tema que se trate.

Una tentación muy señalada por los autores espirituales en la conversación en el Espíritu es la de la vanidad, la de aumentar el don recibido. Es la tentación de auparse sobre lo que se ha experimentado: la vanidad al hablar.

María, con su Magníficat (Lc 1,42-55), enseña cómo acoger las gracias recibidas humildemente. No las producimos nosotros, nos han sido dadas, y solo queda agradecer. Una cierta vigilancia es recomendable a la hora de hablar y compartir lo que recibimos del Señor en la conversación en el Espíritu. San Ignacio, en una de sus cartas[4], se refería al peligro de caer en dos tentaciones. Por un lado, es fácil que al comunicar se produzcan modos sutiles de aumentar lo que hemos recibido del Espíritu. Por el otro, puede que, por vergüenza, respeto humano o falsa humildad, disminuyamos la gracia que nos ha sido concedida y no llegue a dar el fruto para el que fue dada. La experiencia interior puede ser inefable y difícil de traducir en palabras. Cuando se trata de interpretarla, para no aumentarla y, con ello, desordenar, desconcertar o pervertir el don recibido, san Ignacio nos invita, a «conformarnos con los mandamientos, preceptos de la Iglesia y obediencia de nuestros mayores, y llenos de toda humildad, porque *el mismo Espíritu divino es en todo*»[5]. El Espíritu no solo nos habla a nosotros, también habla a los demás. Para no aumentar, es bueno considerar que el sentido de lo que nos ha sido dado lo acogemos en la Iglesia y para el bien de la misma.

Cuando se trata de disminuir el sentido de lo que se nos ha mostrado, advierte san Ignacio que «es menester tener aún más cuidado». Un don puede quedar infecundo. Para ello, el criterio es «*mirar más el sujeto de los*

---

[4] Cf. SAN IGNACIO DE LOYOLA, «Carta a sor Teresa Rejadell, de 18 de junio de 1536», *Monumenta Historica Societatis Iesu*, *Epp*. I, 99-107, aquí, pp. 105-107. También en ÍD., *Obras completas*, BAC, Madrid 1977, 657-663.

[5] *Ibid*. Cursivas añadidas.

otros, que mis deseos»[6], y la estrategia, «que así vayamos tentando para aprovechar a los otros, *como quien pasa el vado*», si se ayuda a los otros, pasar adelante, y si se ve que no, esperar mejor momento. El don que recibimos en la vida espiritual es para dar fruto en beneficio de la Iglesia y de los otros.

Otro punto de atención, al acoger la gracia que se nos da, es observar el momento posterior a recibirla. Pues si la gracia es del Señor, es muy posible que lo que viene después no sea conducido por el Espíritu y pueda pervertirla. Con frecuencia, envolvemos la gracia recibida en nuestros discursos, costumbres, ideologías, y consecuencias de nuestros conceptos o juicios y el resultado acaba pareciéndose poco a lo que en realidad nos fue mostrado. Es como si «redondeásemos» la gracia. «A vino nuevo odres nuevos» (Lc 5,38). Esto significa que hemos de evitar diluir la novedad de la gracia recibida en nuestros viejos recipientes, que la adulteran. La gracia recibida es la que es, y no se redondea para aumentarla o disminuirla o acomodarla a lo que ya pensamos.

d. La discreción es una virtud en la conversación en el Espíritu orientada al discernimiento

La discreción, *diakrísis*, es la capacidad de discernimiento o la prudencia espiritual. Casiano la relacionó con el texto evangélico del ojo como lámpara del cuerpo:

«Esta es la prudencia a la que llama el Salvador en el Evangelio el ojo y la lámpara del cuerpo: "La lámpara

---

6 *Ibid.*, 106. Cursivas añadidas.

de tu cuerpo es el ojo. Si, pues, tu ojo estuviere sano, todo tu cuerpo estará luminoso; pero si tu ojo estuviere enfermo, todo tu cuerpo estará en tinieblas" (Mt 6,22-23). Ella discierne, en efecto, todos los pensamientos del hombre y sus actos, examinando y viendo en la luz lo que debemos hacer. Si este ojo interior es malo, es decir, si estamos desprovistos de ciencia o de un criterio seguro, y nos dejamos engañar por el error y la suficiencia, todo nuestro cuerpo será tenebroso. En otras palabras: todo en nosotros, inteligencia y acción, quedará como envuelto en la oscuridad más incierta, porque el vicio es ciego y la pasión es madre de tinieblas. "Si lo que debe ser luz en ti –dice todavía el Señor– es tinieblas, ¡las mismas tinieblas cuán grandes serán!" (Mt 6,23). Es indudable que, si tenemos un criterio falso y andamos a ciegas en la noche de la ignorancia, también nuestros pensamientos y nuestros actos, que derivan de ellos como de su fuente, estarán envueltos con las tinieblas del pecado»[7].

Los pensamientos que hemos de discernir son de tres tipos. Para Casiano es importante discernir su origen: «Nos importa saber, ante todo, que son tres los principios de que se originan nuestros pensamientos: Dios, el demonio y nosotros mismos»[8].

San Ignacio en sus *Ejercicios* nos dice algo parecido, «presupongo que hay en mí tres pensamientos, es a saber: uno propio mío, el cual sale de mi propia libertad y querer, y otros dos que vienen de fuera, uno que viene del

---

[7] Juan CASIANO, *op. cit.*, vol. I, II, II, p. 39.
[8] *Ibid.*, I, XIX, p. 29.

buen espíritu y otro del malo»[9]. Ignacio invita también a examinar el desarrollo de los pensamientos, «debemos advertir mucho el curso de los pensamientos; y si al principio, medio y fin es todo bueno, inclinado a todo bien, es señal de ángel bueno; pero si el curso de los pensamientos que trae acaba en alguna cosa mala o distractiva, o menos buena que la que antes el alma había propuesto, o la debilita, inquieta o conturba, quitándole la paz, tranquilidad y quietud que antes tenía, es señal clara de que procede del mal espíritu, enemigo de nuestro provecho y salvación eterna»[10]. Estas reglas son para ser aplicadas en lo que nosotros vamos a compartir y en el discernir las resonancias de lo que otros comparten en la conversación en el Espíritu.

No nos debemos dejar distraer por las palabras y por las expresiones de otra época. La realidad es la que es. Es posible que, para nosotros, modernos, sea complicado aceptar estos orígenes de nuestros pensamientos. Irenée Hausherr, estudioso de los padres orientales, es muy consciente la dificultad de hablar de ello cuando escribe, «más abajo incluso que los elementos psíquicos inadvertidos, hay, utilizándolos, una fuerza, una serie de fuerzas, más bien, ¡y temibles! Los modernos se niegan, sin duda, a llamar demonios o espíritus a estas potencias oscuras. Pero este cambio de nombre no elimina ni transforma esencialmente la cuestión. Nuestros antiguos psicoanalistas utilizan también palabras más neutras, como *logismós* o *prosbolé*»[11]. Se trata de pensamientos y

---

[9] *EE*, 32.
[10] *EE*, 333.
[11] Irénée HAUSHERR, *La direction spirituelle en Orient autrefois*, Pont. Institutum Orientalium, Roma 1955, 94.

sugestiones que nos asaltan, y que tratan de conducirnos desde dentro.

Podemos ser guiados por unos pensamientos o sugestiones u otros. Unos nos mueven hacia el bien, otros, nos llevan hacia el mal y la autodestrucción. San Ignacio se refiere al «enemigo de la naturaleza humana»[12] que, a veces, actúa incluso como «ángel de luz», trayendo pensamientos y sugestiones aparentemente buenos, pero siempre militando contra nuestro bien. El discernimiento trata de aprender a sentir y a conocer los movimientos que se producen en nuestro interior para acoger el movimiento amigo y rechazar el enemigo. Para ello habremos de indagar su origen y hacia dónde nos llevan.

e. Renuncia a la voluntad propia

He aquí un aspecto al que hay que estar muy atentos, pues en el discernimiento en común y, por ende, en la conversación en el Espíritu, los propios intereses o la voluntad propia suelen jugar malas pasadas e impiden ser personas «discretas», con capacidad de discernir.

En el Evangelio no faltan palabras de Jesús que hoy como entonces siguen sonándonos duras y difíciles de acoger de entrada: «Quien quiera seguirme, niéguese a sí mismo, tome su cruz y sígame» (Mt 16,24). Cuando se habla de negarse a uno mismo «este yo al que hay que renunciar se llama, en el lenguaje de los ascetas orientales (y de san Benito), la voluntad propia»[13]. Otro autor ha interpretado ese negarse a sí mismo como «cortar en

---

[12] *EE*, 7 y 135.
[13] HAUSHERR, *op. cit.*, 161.

todo la propia voluntad y aferrarse al *apsephiston*» (indiferencia a toda ventaja terrena)[14] o como «cortar estas tres cosas: la voluntad propia, la justificación propia y el deseo de agradar»[15].

Desde los comienzos de la vida espiritual, la voluntad propia y el buscar la propia ventaja era lo primero que había que dejar para poder encontrar la voluntad de Dios. Esta es la dinámica de perder la vida para ganarla (cf. Mt 16,25). Y en ello no debemos ser ingenuos, ni personalmente ni en nuestras conversaciones, pues la voluntad propia se disimula: «la voluntad propia, el amor propio, el interés propio, en una palabra, la *philautía* [el amor de sí], gracias sobre todo a ciertos aires devotos, consigue disfrazarse del amor de Dios del que es el antagonista irreconciliable»[16]. San Pablo no era ajeno también a esta búsqueda de lo propio: «Que cada uno busque no solamente su propio interés, sino también el de los demás» (Flp 2,4) e invitaba a tener los mismos sentimientos de Cristo Jesús (cf. Flp 2,5). También, cuando presenta a Timoteo, se refiere Pablo a que «todos los demás buscan sus propios intereses y no los de Cristo Jesús» (Flp 2,21).

Otro modo de referirnos a aquello a lo que hay que renunciar para entrar en la conversación en el Espíritu son *los amarres afectivos e ideológicos*. Especialmente cuando se trata de la conversación espiritual orientada a una deliberación. Con aferramientos no se puede entrar

---

[14] Barsanufio de Gaza, carta 255, citado por Hausherr, *op. cit.*, 162.

[15] Barsanufio de Gaza, carta 236, citada por Hausherr, *op. cit.*, 165.

[16] Hausherr, *op. cit.*, 161.

en discernimiento. Son los limpios de corazón los que ven a Dios. Hay una literatura amplia sobre el arte de purificar el corazón para hacerse más sensible a las noticias del Espíritu. Y el corazón tiende a engancharse con afectos y a llenarse de escoria por los afectos desordenados. Un afecto sale con otro afecto más fuerte. Hay una pasión por Dios y por su Reino que hace palidecer todo y ordena el corazón. Solo Dios es Dios. Para discernir hemos de hacer efectivo el que «yo no soy Dios» y «ninguna cosa es Dios». Esta actitud relativiza todo lo que no es Dios ni dado por él. Así los afectos hacia las cosas, las ideas o la propia imagen, cobran su importancia y lugar en relación al Reino o a la voluntad de Dios. Si, a pesar de todo, uno no consigue liberarse de esos amarres, la sugerencia ignaciana para liberar el corazón amarrado es pedir a Dios en la oración (aunque sea contra la carne) que el Señor le elija en aquello que rechaza o que le repugna; y que él quiere, pide y suplica, solo que sea servicio y alabanza de la su divina bondad[17].

Hay reuniones, aparentemente conversaciones espirituales, en las que cada cual expone su propia visión sin haber purificado sus intereses ni su voluntad propia. En ellas no se ha escuchado realmente al Espíritu. Una vez que todos han hablado y expuesto, se busca en el grupo un consenso. Con frecuencia, el grupo se queda contento y se siente bien con la decisión alcanzada. Pero en realidad no ha habido conversación en el Espíritu.

En la figura 1 podemos suponer que dos sujetos llegan con su visión del problema, y quieren sacarla

---

[17] Cf. *EE*, 157.

adelante. En un proceso de negociación buscan un consenso a partir de los puntos que tienen en común.

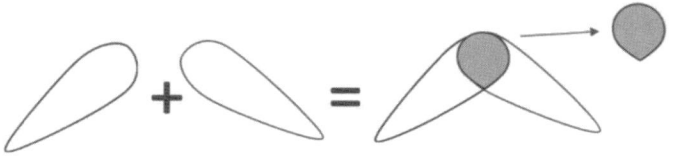

Fig. 1

La voluntad de Dios no es lo que tienen en común los intereses o voluntades personales de los participantes en la conversación en el Espíritu. Estos han de perderse para ganarse en un modo más profundo. Cuando el consenso se construye con los intereses particulares no discernidos, cuanto más plurales seamos menos tendremos en común. La conversación no tiene un cauce común que se enriquece y ensancha con la contribución de todos. Cuanto más variado y plural sea el grupo menos tendrán en común los participantes y, por tanto, el consenso alcanzado será más reducido; pues habrá menos zona de intersección entre los intereses particulares, como se puede ver en la figura 2.

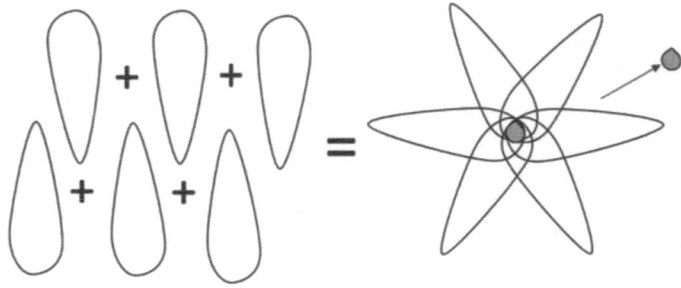

Fig. 2

Así no construiremos Iglesia. En cambio, construimos Iglesia y comunión cuando cada uno renuncia a sus intereses, para que sean los de Jesucristo, y a su voluntad propia, para unirla a la de Dios. Al verter en el cauce común lo que nos ha sido dado, dejando fuera nuestra voluntad o intereses particulares, nos recuperamos enriquecidos por el proceso. Nuestro cauce común, espacio de comunión, se irá agrandando en la medida que seamos más. Podrá acoger más personas, más diversas y con más puntos de vista, como se muestra en la figura 3. En este caso, podríamos hablar de un consenso decantado. Para conseguirlo hemos tenido que salir de nuestro propio, amor querer e interés y no anteponer el yo para construir el nosotros. Desde el espacio de comunión creado por la conversación en el Espíritu podemos encontrar algo en nosotros que desconocíamos.

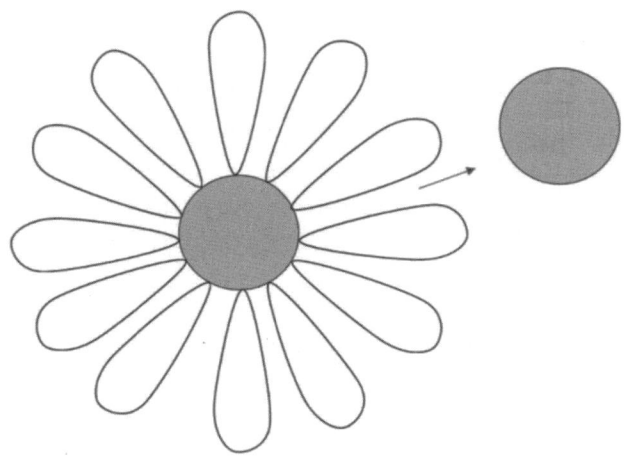

Fig. 3

f. Disminuir el ruido exterior que se internaliza

En su discurso inaugural de la sesión final de la asamblea sinodal celebrada en octubre de 2024, el papa Francisco habló del poder y la acción del Espíritu Santo en la vida de la Iglesia e invitaba a reconocer que «la Iglesia, no puede caminar y renovarse sin el Espíritu Santo y sus sorpresas». Y concluyó con la esperanza de que «todos se abran de corazón a la acción del Espíritu Santo, nuestro guía fiel, nuestro consuelo»[18].

Cuando queremos acoger la acción del Espíritu podemos encontrar interferencias y la ayuda de la Palabra de Dios es insoslayable. Algunos autores han hablado

---

[18] Papa Francisco, «1.ª Congregación general, Discurso inaugural», Aula Pablo VI, 2 de octubre de 2024, en «Apéndice» al *Documento final,* https://loyol.ink/gdied

de «voces mudas de nuestra cultura»[19]. En nuestro interior resuenan las imágenes de las películas que vemos, las valoraciones de los periódicos que leemos, las ideas de las tertulias que escuchamos, etc. Sería una pena que, en nuestra conversación espiritual, cuando tratamos de buscar lo que el Señor quiere de nosotros y acoger en nosotros la acción del Espíritu, nos convirtiésemos en meros repetidores o altavoces de los principales medios de comunicación, hoy bastante polarizados para satisfacer audiencias polarizadas. También ese *mainstream* es conveniente que sea neutralizado en la conversación en el Espíritu y en el discernimiento. Los medios de comunicación, normalmente regidos por intereses de diverso tipo, provocan alguna resonancia en nuestro interior que hemos de discernir y aceptar o rechazar. Para ello necesitamos beber en aguas más profundas y más limpias. Por ello es importante escoger dónde beber o donde buscar alimento para nuestro espíritu.

Casiano encontraba ya este problema, «digo que depende en gran parte de nosotros el corregir y aquilatar nuestros pensamientos y hacer que crezcan en nuestro corazón los santos y espirituales o que prevalezcan los terrenos y carnales. Por eso nos valemos de ordinario de la lectura asidua y de la meditación de las Escrituras, para brindarnos la ocasión de procurar a nuestra memoria pensamientos divinos»[20].

Los pensamientos y las sugestiones nos asaltarán siempre en nuestro interior, eso no lo podemos evitar,

---

[19] Cf. A. Tornos, «Voces mudas de la cultura entre los ejercitantes de hoy»: *Manresa* 70 (1998), 129-147.
[20] Juan Casiano, *Colaciones*, vol. I, I, XVII, p. 28.

pero sí podemos evitar ser colonizados interiormente por aquellos que no queremos. Casiano compara esta tarea del corazón «a la muela del molino que gira veloz a impulsos de una rápida corriente. Bajo la acción incesante del agua, no puede estar queda ni dejar de accionar en su labor. Sin embargo, está en manos del molinero hacer que molture a su placer el trigo, centeno o cebada. Y es lo cierto que la rueda no triturará sino lo que tendrá a bien introducir aquel a quien incumbe este cometido»[21]. Es decir, depende de nosotros lo que introducimos en nuestro interior, las lecturas que hacemos, los canales informativos que seguimos y, sobre todo, si recurrimos o no a las Escrituras y otras lecturas espirituales:

«Pues –dice Casiano– si, como dijimos, recurrimos a la meditación constante de las Escrituras, y evocamos en nuestra mente el recuerdo de las realidades sobrenaturales, así como el deseo de la perfección y la esperanza de la futura bienaventuranza, necesariamente los pensamientos que nacerán de ahí no podrán menos de ser espirituales y mantendrán al alma en las alturas en que habrá vivido por la meditación. Pero si, cediendo a la desidia y a la negligencia, nos distraemos en conversaciones inútiles o culpables, y nos derramamos en los cuidados de este mundo y en preocupaciones superfluas, es lógico entonces que se origine como una especie de cizaña que aportará a nuestra alma un trabajo de trituración sumamente pernicioso. Y entonces se realizará en nosotros la sentencia del Salvador: donde estuviere el tesoro de nuestras obras y de nuestros pensamientos, allí estará nuestro corazón (Mt 6,21)»[22].

---

[21] *Ibid.*
[22] *Ibid.*

g. Una mirada al mundo excéntrica y patética

Si la misión de la Iglesia es uno de los temas de conversación centrales en el proceso sinodal, una disposición espiritual esencial será un modo de mirar el mundo al que es enviada. El modo como la Trinidad mira el mundo es excéntrico y patético, sale de sí en la segunda Persona para redimir a la humanidad de la que se compadece[23].

Ese modo de mirar marca a Jesús cuando va a descansar con sus discípulos, que llegan a la otra orilla y «al desembarcar vio una multitud y se compadeció de ella porque estaban como ovejas que no tienen pastor; y se puso a enseñarles muchas cosas» (Mc 6,34). En Jesús vemos esa excentricidad como su continuo salir de sí, compartiendo y haciendo suya la situación de las personas con las que se encuentra. Esta es una disposición interior que hemos de cultivar: si lo que sucede en el mundo no nos afecta, no es posible discernir lo que Dios quiere para él.

Esa excentricidad significa «vivir en camino», acompañar al hombre en su marcha y escuchar las preguntas que pueblan e inquietan su corazón haciéndolas propias. Encontrar a las personas allí donde están, caminar a su lado y alcanzarlas «en las rutas a veces ásperas de la vida». Es acoger la invitación del papa a encarnar «el estilo de Dios, que camina en la historia y comparte las vicisitudes de la humanidad»[24].

Hay una mirada al mundo que no nos podemos permitir, porque ya no vivimos en la mañana de la creación,

---

[23] Cf. *EE*, 102-109.

[24] Papa Francisco, *Homilía en la Basílica de san Pedro 10 de octubre de 2021*. https://bit.ly/3XWhSi0

en la que Dios veía que «todo era bueno». Tampoco es cristiana la mirada al mundo que demoniza todo lo que hay en él y lo considera malo, en cuanto marcado desde el principio por el pecado, sometido al príncipe de este mundo. La redención convierte el mundo en *misión* para el cristiano: este mundo, criatura de Dios y criatura de la libertad humana, ha sido abrazado por la gracia y el amor de Dios, redimido en Cristo, y está llamado a ser Reino de Dios. Así, a pesar de su enemistad con Dios, la salvación del mundo ya está dada escatológicamente en Cristo y marca la misión del cristiano.

Este alinearnos con la dinámica salvadora de Dios pide de nosotros no acomodarnos al mundo, sino transformarnos por la renovación de la mente, para que sepamos discernir cuál es la voluntad de Dios, qué es lo bueno lo que le agrada, lo perfecto[25]. Ese modo de estar en el mundo, que nos permite discernir la voluntad de Dios, tiene que ver con acoger la dinámica encarnatoria de Dios y sintonizar con ella, dinámica de descenso[26], afinando con ella nuestro sentir interior. En definitiva, se trata de acoger su cruz. Lo opuesto a esta disposición espiritual es la del «triunfalismo y la mundanidad espiritual», que denuncia Francisco. Esta tentación se nos presenta muchas veces *sub angelo lucis* y tiene su raíz última en «el rechazo de la cruz y el cultivo de uno mismo en lugar de la mayor gloria de Dios»[27]. «Esta asfixiante mundanidad

---

[25] Cf. Rom 12,2.
[26] Cf. Flp 2,1-11.
[27] D. Fares, SJ, «Contro il trionfalismo e la mondanità spirituale»: *La Civiltà Cattolica* IV (2021), 313-327. Cf. también G. Uríbarri, «Tres cristianismos insuficientes: emocional, ético y de autorrealización: Una reflexión sobre la actual inculturación del

se sana saboreando el aire puro del Espíritu Santo, que nos libera de permanecer centrados en nosotros mismos, escondidos en una apariencia religiosa vacía de Dios»[28].

---

cristianismo en Occidente»: *Estudios Eclesiásticos* 78 (2003), 301-331. Ambos señalan los problemas de un cristianismo sin cruz.

[28] PAPA FRANCISCO, *Exhortación apostólica Evangelii gaudium*, 97. En adelante, *EG*, en: https://bit.ly/3rnfMLD

6

Notas teológicas

Un desafío importante y muy actual de la crisis espiritual que vivimos es que no nos basta la «ciencia ordinaria», necesitamos «ciencia extraordinaria». No nos bastan los principios establecidos, las prácticas habituales, el sedimento de experiencia que constituyen las diversas tradiciones, quizá porque nuestras tradiciones nos han distanciado de la Tradición, que es dinámica (cf. Mc 7,8-13). Se impone reemprender continuamente el camino hacia la fuente de la Tradición y recuperar su cauce más auténtico. En una tesitura así, tan frecuente en la historia bimilenaria de la Iglesia, necesitamos «ciencia extraordinaria». Es decir, acoger la Palabra renovadora que viene de lo alto, para ponerla en práctica colaborando con la acción de Dios. Necesitamos escuchar y acoger una Palabra instauradora, que viene de fuera, nueva, que nos conecta al origen de nuestra Tradición para recrearla, unir sus fragmentos y actualizarla. Se hace inevitable escuchar al Espíritu que crea armonía y que continuamente nos remite a Cristo.

La Iglesia no busca en el mundo esa «ciencia extraordinaria» que necesita. Sabe que sería reproducirse a sí misma de manera autorreferencial. Sabe que toda la ciencia extraordinaria que necesita solo puede venir de dejarse conducir por el Espíritu del Señor en este momento de la historia. La Iglesia se ha puesto en «modo escucha». Para ello ha recurrido a algunos elementos valiosos de su Tradición: el sínodo, el discernimiento y la conversación en el Espíritu.

Sínodo, discernimiento, discernimiento en común y conversación en el Espíritu –creemos que a estas alturas del libro es claro– no son una moda reciente ni patrimonio de ningún grupo dentro de la Iglesia. Son los modos cómo, desde el origen de la Iglesia, los cristianos, personal y grupalmente, han construido la comunión. Es así como han buscado adecuarse a la voluntad de Dios y tomar las decisiones que afectaban a un individuo, a una comunidad o a un grupo eclesial. Es el modo como han tratado de guiar sus vidas, no meramente con las normas morales aceptadas en la sociedad del momento, sino intentando ser conducidos por Dios.

El sínodo, el caminar juntos y enfrentar juntos los problemas, se remonta al menos a la travesía del desierto del pueblo de Israel. Luego, en la Iglesia, no han faltado experiencias de caminar juntos y buscar juntos la voluntad del Señor, empezando por la elección de Matías o el así llamado Concilio de Jerusalén. En este momento de su historia la Iglesia no ha querido hacer de este proceso una cuestión de expertos, sino convocar al todo el pueblo cristiano en este camino de escucha y discernimiento, dando cauce a la concepción bautismal de la Iglesia, desplegada en el Concilio Vaticano II[1].

---

[1] Concilio Vaticano II, *Constitución dogmática sobre la Iglesia Lumen gentium*, 12, en: https://bit.ly/3K1RHk3

El instrumento del discernimiento está presente en la Escritura: Jesús enseña a discernir a los suyos. También lo encontramos en los padres del desierto desde los primeros siglos de la Iglesia y, ya bastante codificado para Occidente, al menos desde Casiano. Ha habido momentos menos complicados, en que se sigue pacíficamente un modo de proceder y se habla menos de discernimiento. Pero en momentos de crisis, de estar ante varios caminos, el discernimiento siempre ha reaparecido en la Iglesia.

Cuando el discernimiento es practicado por un grupo o una comunidad que discierne, la conversación en el Espíritu, pautada de un modo u otro, ha ido asociada a los procesos de discernimiento en común.

El camino elegido plantea muchas preguntas en algunos: ¿No están ya dadas las normas y no es ya bastante claro el camino que debemos seguir? ¿No basta para un buen discernimiento aplicar las normas y elegir con sentido común? ¿No es pretencioso querer elegir la voluntad de Dios? ¿Por qué querer que participen todos, cuando hay tanta gente que no vive la Iglesia tanto como los que están dedicados a ella, como el clero, las religiosas y religiosos? ¿No es crear confusión en el pueblo llano? ¿No estamos introduciendo división en la Iglesia y podemos dejar herida la comunión? ¿Qué garantías ofrece este camino emprendido? ¿No es demasiado complejo y al final serán los medios de comunicación más poderosos los que hagan la agenda del Sínodo o dicten sus conclusiones? ¿No existe un gran riesgo de que la Iglesia se confunda y quede a la deriva?

Discernir, más allá de normas generales y de lo ya dado

Jesús ya nos advirtió que no todo quedaba dicho. O, al menos, que entonces no podíamos comprender todo: «Cuando venga él, el Espíritu de la verdad, os guiará hasta la verdad completa» (Jn 16,13). La escucha del Espíritu y, por tanto, el discernimiento, es algo irrenunciable en nuestra vida de creyentes, so pena de perdernos algo importante de la verdad.

Los teólogos han discutido sobre el discernimiento contraponiendo dos posturas: para unos el discernimiento es un simple método de sentido común y prudencia, con cierta agudeza psicológica, que sirve para aplicar unos principios generales ya conocidos a situaciones concretas[2]. Para otros es un método de conocimiento más allá del sentido común y de la deducción de principios generales, que permite descubrir los fines concretos para cada persona, no como mera deducción de unos principios generales, sino como inspiración del Espíritu que actúa en nuestras vidas[3].

En las decisiones importantes de la vida, de la comunidad o de la Iglesia, podemos guiarnos por lo que se nos presenta en cada contexto como «lo dado». Esto lo entendemos como el conjunto de las posibilidades que se nos ofrecen a la mano, bien desde la ley o desde la moral vigente o desde el conocimiento del orden objetivo de las

---

[2] Cf. J. L. SEGUNDO, *El hombre de hoy ante Jesús de Nazaret*, Cristiandad, Madrid 1982, 719-735.

[3] Cf. K. RAHNER, *Lo dinámico en la Iglesia*, Herder, Barcelona 1963, 102-104. No entramos en los pormenores de la discusión, aunque creemos que la razón está de la parte de Karl Rahner.

cosas, de los seres humanos o de la historia. Elegir podría ser escoger simplemente de entre lo que efectivamente hay.

Si la elección cristiana fuera así –razonamientos objetivos, deducciones de principios generales, seleccionar entre las posibilidades que tenemos a mano– no haría justicia a la manifestación de la bondad y justicia de Dios en Cristo, que recrea las posibilidades de lo humano y de la realidad. Pablo oraba por su comunidad de Éfeso pidiendo «espíritu de sabiduría y revelación» e iluminación para «los ojos de vuestro corazón» (cf. Ef 1,17-18) para captar una esperanza que trasciende todo y a la que somos llamados como resultado de la resurrección de Cristo que, precisamente por ella, está «por encima de todo principado, poder, fuerza y dominación» (Ef 1,21).

No se trata de que los cristianos nos pensemos al margen de nuestra condición humana o del mundo que vivimos, sino que acojamos la novedad de los horizontes de la humanidad que trae la muerte y resurrección de Cristo. Pablo nos aconseja no amoldarnos a este mundo, sino transformarnos «por la renovación de la mente», para que sepamos «discernir cuál es la voluntad de Dios, qué es lo bueno, lo que le agrada, lo perfecto» (Rom 12,2). Lo nuevo que ha advenido nos lleva a escudriñar qué quiere Dios de nosotros de un modo más personal y a no conformarnos con lo que hay a la mano, sino escrutar las posibilidades y la promesa que hay en «lo dado» que tal vez permitan recrearlo.

No siempre, pero a veces sucede que en el discernimiento trascendemos «lo dado» o «lo que hay». Es propio de Dios entrar y salir del alma o moverla, sin una causa o un objeto previo[4]. Es propio del Creador actuar con su creatura y seguir creando. Ese toque del Señor trasciende el contexto, trasciende «lo dado». Luego tendrá que encarnarse en algo concreto, que podría estar dado previamente o vendría a ensanchar las posibilidades de «lo dado», aportando a ello algo nuevo[5].

«Serán *todos* enseñados por Dios»

Al intentar discernir y conducir la vida desde el Espíritu, nos encontramos con que Dios siempre ha querido comunicarse (autocomunicarse) a los seres humanos y ha querido hacerlo personalmente, «en muchas ocasiones y de muchas maneras habló Dios antiguamente a los padres por los profetas. En esta etapa final nos ha hablado por el Hijo, al que ha nombrado heredero de todo y por medio del cual ha realizado los siglos» (Heb 1,1-2). Desde los profetas se abría una esperanza suscitada por la promesa de que Dios imprimiría su ley en nuestros corazones; que ya no tendríamos que enseñarnos unos a otros diciendo: «Conoced al Señor, pues todos le conoceríamos» (cf. Jr 31,33s).

Dios se comunica y lo hace con *todos*. Jesús recoge la promesa enunciada por Isaías, cuando dice, «y serán todos enseñados por Dios» (Jn 6,45; Is 54,13). Todos somos oyentes del Espíritu, oyentes de la Palabra, discípulos de Dios. Esto hace de cada uno de nosotros alguien que ha recibido algo personal y único del Espíritu

---

[4] Cf. *EE*, 330.

[5] Cf. A. Tornos, «Fundamentos bíblico-teológicos del discernimiento»: *Manresa* 60 (1988), 319-329.

y alguien que tiene algo que aportar a la marcha de la Iglesia. Negarle a alguien la participación es perder algo de lo que Dios da a su Iglesia. *Participación* es una de las tres palabras clave de la convocatoria sinodal.

Más arriba nos preguntábamos si al convocar *a todos* y querer escuchar *a todos* no se estará creando caos y poniendo en peligro la comunión. A esto hay que afirmar que no podría ser de otra manera más que convocando a todos, pues «cada uno de los bautizados, cualquiera que sea su función en la Iglesia y el grado de instrucción de su fe, es un agente evangelizador, y sería inadecuado pensar en un esquema de evangelización llevado adelante por actores calificados donde el resto del pueblo fiel sea solo receptivo de sus acciones. El *sensus fidei* –del que hablaremos más adelante– impide separar rígidamente entre *Ecclesia docens* y *Ecclesia discens* (Iglesia que enseña e Iglesia que aprende), ya que también la grey tiene su "olfato" para encontrar nuevos caminos que el Señor abre a la Iglesia»[6].

Todo en nuestros días, a comenzar por el Concilio Vaticano II, nos impulsa a una nueva participación real y efectiva de todos los bautizados en la Iglesia. *Lumen gentium* (LG) mostró un rostro nuevo con el paso de Iglesia de cristiandad, piramidal, a la visión de Iglesia Pueblo de Dios (LG 9) y sacramento universal de salvación[7]. La lógica arquitectónica de los tres primeros capítulos de esta constitución conciliar ya apunta en esta dirección: Misterio (1), Pueblo de Dios (2),

---

[6] Papa Francisco, *Discurso en la conmemoración del 50 aniversario de la institución del Sínodo de los Obispos*, en: https://bit.ly/3roE73L

[7] Cf. *LG* 1, 48, 59; *GS* 45; *AG* 1, 5.

Constitución jerárquica (3), revela que en el designio histórico de la salvación la jerarquía está al servicio del Pueblo de Dios (LG 27). En esa línea, la sinodalidad expresa la condición de sujeto que le corresponde a toda la Iglesia y a todos en la Iglesia (LG 31). Todos los bautizados participan del único sacerdocio de Cristo (LG 1) y reciben los carismas del Espíritu Santo (LG 12). Por eso, en el Pueblo de Dios profético, sacerdotal y regio, todos son sujetos activos, discípulos y misioneros, llamados anunciar y testimoniar el Evangelio (LG 10)[8].

Haber considerado en el capítulo segundo a la Iglesia como Pueblo de Dios para después, en el capítulo tercero, tratar su estructura es una revolución. No es casual y es una verdadera revolución en la visión de la Iglesia y en su deseo de superar el clericalismo. Esto, y el contenido mismo de ambos capítulos, significó una gran novedad que recuperaba la Tradición de la Iglesia: de una Iglesia entendida como una estructura piramidal a una Iglesia fundada en la participación de todos los cristianos en la triple función de Cristo como sacerdote, profeta y rey[9].

Al plantear el Concilio Vaticano II una eclesiología que pivota sobre el Bautismo, tras dar prioridad a este sacramento que es común a todos los cristianos, de modo natural se abre la puerta para nuevas posibilidades de entender la vida y el ejercicio de la ministerialidad en la Iglesia y una mayor participación de

---

[8] Cf. S. MADRIGAL, SJ, *Conferencias episcopales para una Iglesia sinodal*, Sal Terrae, Santander 2020, 134.

[9] El autor usa la expresión de «revolución copernicana en la visión de la Iglesia».

todos los fieles en la marcha de la Iglesia. Cabe recordar el axioma teológico, enunciado por san Cipriano, que afirma que, «lo que afecta a todos y a cada uno debe ser aprobado por todos»[10]. En los primeros siglos de la Iglesia fue así. Y para que pueda serlo en nuestros días fortaleciendo la comunión es de gran importancia el ejercicio de la conversación en el Espíritu y el discernimiento en común.

Cuando nos referimos a que en la conversación en el Espíritu participamos en pie de igualdad, en ningún modo queremos nivelar o eliminar los distintos carismas, diferencias e incluso jerarquías que existen o puedan existir en la Iglesia. Simplemente expresamos que hay un momento del proceso de discernimiento en común en que todos escuchamos al Espíritu y participamos en pie de igualdad como «discípulos enseñados por Dios».

Somos iguales y somos diferentes

En el caminar juntos y escucharnos mutuamente hemos de conjugar el «somos iguales y somos diferentes». De fondo late la sinodalidad, con su esfuerzo por integrar los dones y las voces del Pueblo de Dios, el colegio episcopal y el sucesor de Pedro[11], «esta visión eclesiológica

---

[10] C. M. GALLI, «Líneas teológicas, pastorales y espirituales del magisterio del papa Francisco»: *Medellín* (2017), 95-158, aquí p. 134. Cf. también CIC, n. 119.3. En su alocución en el 50 aniversario del Sinodo, el papa Francisco describió el axioma *Quod omnes tangit ab omnibus tractari debet* como «un principio muy estimado en la Iglesia del primer milenio».

[11] C. M. GALLI, *op. cit.*, 132. Cf. también R. LUCIANI, «El reto del tercer milenio: una iglesia en clave sinodal», conferencia en la

invita a desplegar la comunión sinodal entre "todos", "algunos" y "uno"»[12]. No se trata de homogeneizar o nivelar todo en un igualitarismo sin diferencias, en el que no solo seríamos iguales sino también «lo mismo». No se pretende ignorar la diversidad de carismas en la Iglesia. Simplemente, caminar juntos, con nuestras diferencias, que enriquecen a la Iglesia. No olvidemos que en el Evangelio son las mujeres las primeras que atestiguan la resurrección del Señor y se lo anuncian a los apóstoles (Lc 24,9) y es el discípulo amado, y no Pedro, quien primero descubre la presencia del Señor resucitado en el lago (Jn 21,7).

Desde las primeras palabras que pronunció el papa Francisco al comienzo de su pontificado, muy probablemente influido por el diagnóstico hecho por las congregaciones previas al cónclave, de donde el mismo papa reconoce haber tomado el programa para su pontificado, hizo referencia al caminar juntos: «Ahora, comenzamos este camino: obispo y pueblo...». En su discurso usó tres veces el término *camino*. Se ve que Francisco busca ayudar a comprender el ministerio jerárquico[13] en coherencia con la eclesiología del Concilio, como un verdadero servicio de entrega y de amor al Pueblo de Dios:

«Caminar juntos –laicos, pastores, obispo de Roma– es un concepto fácil de expresar con palabras, pero no es tan fácil ponerlo en práctica [...]. La sinodalidad,

---

academia de líderes católicos, 11 de marzo de 2023, en: https://bit.ly/3pLAxjK

[12] COMISIÓN TEOLÓGICA INTERNACIONAL, *La sinodalidad en la vida y la misión de la Iglesia*, 64, en: https://bit.ly/3PR5pdn

[13] Cf. *LG*, 18.

como dimensión constitutiva de la Iglesia, nos ofrece el marco interpretativo más adecuado para comprender el mismo ministerio jerárquico. Si comprendemos que, como dice san Juan Crisóstomo, "Iglesia y Sínodo son sinónimos" –porque la Iglesia no es otra cosa que el "caminar juntos" de la grey de Dios por los senderos de la historia que sale al encuentro de Cristo el Señor– entendemos también que en su interior nadie puede ser "elevado" por encima de los demás»[14].

En la exhortación apostólica *Evangelii gaudium* también presenta Francisco y matiza la idea del camino sinodal cuando, refiriéndose al obispo, señala que, «a veces, estará delante para indicar el camino y cuidar la esperanza del pueblo, otras veces estará simplemente en medio de todos [...] y en ocasiones deberá caminar detrás del pueblo para ayudar a los rezagados y, sobre todo, porque el rebaño mismo tiene su olfato para encontrar nuevos caminos». Y, por si fuera poco, el papa da el encargo al obispo de animar y procurar «la maduración de los mecanismos de participación que propone el Código de Derecho Canónico y otras formas de diálogo pastoral, con el deseo de escuchar a todos»[15].

Comunión y misión

Como ya hemos expresado, la conversación en el Espíritu orientada al discernimiento en común es un modo

---

[14] Papa Francisco, *Discurso en la conmemoración del 50 aniversario de la institución del Sínodo de los Obispos*, op. cit.
[15] *EG*, 31.

privilegiado, indicado por la misma Secretaría del Sínodo, de *participar* en la vida de la Iglesia con vistas a fortalecer la *comunión* y renovar la *misión* por la escucha del Espíritu. La visión del Vaticano II y de los documentos pontificios no solo subraya la participación de todos, sino que pone en su base una eclesiología de comunión, a la que se refiere como don del Espíritu Santo que «con diversos dones jerárquicos y carismáticos dirige y enriquece a la Iglesia, a la que unifica en comunión y ministerio» (LG n. 4). Desde el comienzo de esta andadura sinodal se resalta la importancia de la comunión en todo el proceso. Para una eclesiología de comunión la eucaristía es fundamental, pues constituye a la asamblea en el Cuerpo de Cristo presente en la Iglesia. La comunión trinitaria es considerada en este desarrollo eclesiológico de la sinodalidad como «fuente», «forma» y «objetivo» de esta. Se reconoce que el Espíritu Santo es el que empuja de manera natural hacia la comprensión sinodal de la Iglesia, el que ilumina y vivifica este caminar juntos como hermanos y hermanas. También que el mismo Espíritu, que es principio de la comunión (2 Cor 13,13), lo es también de la sinodalidad. Por eso se puede afirmar que la sinodalidad es una dimensión inherente a la naturaleza misma de la Iglesia entendida como comunión[16].

El Concilio también nos dirigió a una renovación de la misión de la Iglesia, estimulando a responder a las nuevas circunstancias con el mensaje siempre nuevo y actual del Evangelio; invitando a la Iglesia a estar «atenta a los gozos y las esperanzas, las tristezas y las angustias

---

[16] Cf. S. Madrigal, SJ, *op. cit.*, 135.

de los hombres de nuestro tiempo, sobre todo, de los pobres y afligidos» (GS 1). Para renovar esta misión y afinar nuestra atención, el Sínodo nos invita a un discernimiento comunitario que sea «escucha atenta y valiente de los "gemidos del Espíritu" (cf. Rom 8,26) que se abren camino a través del grito, explícito o también mudo, que brota del Pueblo de Dios: "escucha de Dios, hasta escuchar con él el clamor del pueblo; escucha del pueblo, hasta respirar en él la voluntad a la que Dios nos llama"»[17].

La participación de todos, también es importante para la renovación de la misión de la Iglesia, pues «los fieles son capaces de percibir lo que el papa Francisco llama "nuevos caminos para el camino" de la fe de todo el pueblo peregrino. Una de las razones por las que los obispos y los sacerdotes deben estar cerca de su pueblo en camino y deben caminar con él es precisamente para que puedan reconocer estos "nuevos caminos" que perciben. Discernir estos nuevos caminos, que el Espíritu Santo abre e ilumina, será vital para la nueva evangelización»[18].

¿Cómo podemos estar seguros de que no nos equivocamos?

Esta no es una buena pregunta. Tiene algo de farisaica. A Dios no lo tenemos nunca agarrado por nuestros conceptos o decisiones. Dios siempre es Dios. Pero sabemos que no se le oculta a quien lo busca con humildad y corazón

---

[17] COMISIÓN TEOLÓGICA INTERNACIONAL, *La sinodalidad*, *op. cit*, 114.

[18] COMISIÓN TEOLÓGICA INTERNACIONAL, *El sensus fidei en la vida de la Iglesia*, 127, en: https://bit.ly/44L5H9E

sincero. El discernimiento es un método humano para buscar la voluntad de Dios. Dios y su voluntad es lo último, el modo como nosotros lo formulamos es penúltimo, expresado al modo humano. Nuestros discernimientos personales o grupales no son infalibles. Nunca podemos «estar seguros» de que tenemos agarrada la verdad en nuestras manos. Más bien la verdad nos tiene a nosotros. *Lo que tenemos* es «penúltimo». No lo último. Solo Dios es último. Es solo caminando juntos y expresando juntos nuestra fe como no nos equivocamos. Esto es lo que nos enseñan un par de conceptos teológicos, recientemente rescatados por la Comisión Teológica Internacional, que vienen en nuestra ayuda. Se trata de dos parientes próximos del discernimiento que serán de gran servicio en una Iglesia más sinodal y que nos permiten avanzar con confianza: el *sensus fidei* y el *sensus fidelium*. Pues en el caminar juntos que se nos propone, escuchando al Espíritu y escuchándonos mutuamente, el Pueblo santo de Dios se muestra *infalible in credendo*[19]:

«En todos los bautizados actúa la fuerza santificadora del Espíritu que impulsa a evangelizar. El Pueblo de Dios es santo por esta unción que lo hace infalible *in credendo*. Esto significa que cuando cree no se equivoca, aunque no encuentre palabras para explicar su fe. El Espíritu lo guía en la verdad y lo conduce a la salvación. Como parte de su misterio de amor hacia la humanidad, Dios dota a la totalidad de los fieles de un instinto de fe —el *sensus fidei*— que los ayuda a discernir lo que viene realmente de Dios. La presencia del Espíritu otorga a los

---

[19] PAPA FRANCISCO, *Discurso en la conmemoración del 50 aniversario de la institución del Sínodo de los Obispos, op. cit.*

cristianos una cierta connaturalidad con las realidades divinas y una sabiduría que les permite captarlas intuitivamente, aunque no tengan el instrumental adecuado para expresarlas con precisión»[20].

El *sensus fidei* es como un instinto de fe que tienen los creyentes. Es como una intuición sobre el camino correcto a seguir, en medio de incertidumbres, dificultades, ambigüedades de la realidad histórica, que da también la capacidad para escuchar con discernimiento lo que dice la cultura humana y el progreso de las ciencias y captar en ello las simientes del Verbo. El Pueblo santo de Dios «es un pueblo de profetas». «Debido al don del Espíritu Santo los miembros de la Iglesia poseen el "sentido de la fe". Se trata de una especie de "instinto espiritual", que permite *sentire cum Ecclesia* y discernir lo que es conforme a la fe apostólica y al espíritu del Evangelio»[21].

El *sensus fidei* impide la separación rígida entre la Iglesia que enseña y la Iglesia que aprende (*Ecclesia docens* y *Ecclesia discens*), por el olfato, por la capacidad espiritual que el pueblo cristiano tiene para encontrar nuevos caminos que el Señor siempre abre a su Iglesia[22]. El *sensus fidei* también se expresa de diversas formas en la piedad católica popular[23].

---

[20] *EG*, 119. Este párrafo tiene como trasfondo *LG*, 12.

[21] PAPA FRANCISCO, *Discurso a los miembros de la Comisión Teológica Internacional, 6 de diciembre de 2013*, en: https://bit.ly/3NJymVK

[22] Cf. PAPA FRANCISCO, *Discurso en la conmemoración del 50 aniversario de la institución del Sínodo de los Obispos*, *op. cit.*

[23] COMISIÓN TEOLÓGICA INTERNACIONAL, *El sensus fidei en la vida de la Iglesia*, *op. cit.*, nn. 110-112.

Si el *sensus fidei* es de carácter más personal, el *sensus fidelium* apunta a la capacidad de todo el pueblo de Dios para discernir juntos la verdad de la fe y para transmitirla. No es algo que solo mira hacia el pasado, sino que es un proceso de discernimiento proactivo e interactivo con la realidad y es la manera como la Iglesia y todos sus miembros hacen su camino en la historia. El deseo radical de escucha[24] que muestra la Iglesia en este proceso sinodal, parece querer recoger todo lo que Dios nos da, todo el maná, y decir «que nada se pierda» (Jn 6,12). También que no sobre nadie. Por ello la insistencia del papa Francisco, retomando unas palabras del papa Benedicto, cuando señalaba que es tarea del teólogo «permanecer a la escucha de la fe vivida por los humildes y los pequeños, a quienes el Padre quiso revelarles lo que había ocultado a sabios e inteligentes (cf. Mt 11,25-26)»[25].

En el proceso tampoco podemos ser ingenuos. En la misma alocución a la Comisión Teológica, el Santo Padre afirmaba que «el *sensus fidelium* no se puede confundir con la realidad sociológica de una opinión mayoritaria»[26]. Por ello es importante «elaborar los criterios que permitan discernir las expresiones auténticas del *sensus fidelium*»[27].

---

[24] Ese deseo radical de escucha, en definitiva, de obediencia a la voluntad de Dios, puede estar detrás del título del libro que recoge las catequesis sobre discernimiento del papa Francisco: *El poder de la escucha*, Ciudad Nueva, Madrid 2023.

[25] PAPA FRANCISCO, *Discurso a los miembros de la Comisión Teológica Internacional, 6 de diciembre de 2013*, *op. cit.*

[26] *Ibid.*

[27] *Ibid.*

Este modo de comprender al Pueblo de Dios en su totalidad, con su diversidad de carismas caminando juntos, pone una responsabilidad no pequeña sobre los hombros y el corazón de cada creyente. Se trata de escuchar la Palabra de Dios y al Espíritu Santo, en soledad y a través de los otros miembros de la Iglesia, discerniendo y dejándose conducir por el *sensus fidei*. El instrumento de la conversación en el Espíritu y del discernimiento en común ayudará en el camino a este Pueblo fiel de Dios. Pasamos a detenernos en los aspectos más prácticos de cómo hacerlo.

7

La realización de la conversación en el espíritu

El *Instrumentum laboris* para la sesión de 2023 propone un esquema básico para la conversación en el Espíritu representado en el diagrama «La conversación en el Espíritu»[1]:

Como nos lo presenta el *Instrumentum laboris*, el método se articula en tres etapas fundamentales, que comúnmente son conocidas como rondas[2]. Supuesto un clima orante y momentos de oración antes de cada ronda, «la primera está dedicada a que cada uno tome la palabra a partir de su propia experiencia releída en la oración durante el tiempo de preparación. Los demás escuchan sabiendo que cada uno tiene una valiosa aportación que ofrecer, sin entrar en debates ni discusiones»[3].

---

[1] *IL 2023*, 16.

[2] No podemos pensar que la simple aplicación de un método, cualquiera que sea, haga hablar al Espíritu de Dios. En nuestra relación con él, él siempre es soberano. No podemos esperar que la metodología funcione sin las disposiciones del corazón que hemos presentado en las páginas anteriores. De nuestra parte, nos disponemos del mejor modo que sabemos, con humildad, para que cuándo y cómo el Espíritu quiera, se nos comunique.

[3] *IL 2023*, 37.

La conversación en el Espíritu

Una dinámica de discernimiento en la Iglesia sinodal

PREPARACIÓN PERSONAL

Confiándose al Padre, conversando en la oración con el Señor Jesús y escuchando al Espíritu Santo, cada uno prepara su propia aportación sobre la cuestión sobre la que está llamado a discernir.

Silencio,
oración y escucha
de la Palabra de Dioss

"Tomar la palabra y escuchar"

Cada uno toma la palabra a partir de su propia experiencia y oración, y escucha atentamente la contribución de los demás.

Silencio y
oración

"Hacer espacio
a los demás y al Otro"

Cada uno comparte, a partir de lo que han dicho los demás, lo que más le ha resonado o lo que más resistencia ha suscitado en él, dejándose guiar por el Espíritu Santo: "¿Cuándo, escuchando, me ardía el corazón en el pecho?"

Silencio y
oración

"Construir juntos"

Dialogamos juntos a partir de lo que ha surgido previamente para discernir y recoger el fruto de la conversación en el Espíritu: reconocer intuiciones y convergencias; identificar discordancias, obstáculos y nuevas preguntas; dejar que surjan voces proféticas. Es importante que todos puedan sentirse representados por el resultado del trabajo. "¿A qué pasos nos llama el Espíritu Santo a dar juntos?"

Oración final de
agradecimiento

En la segunda ronda, preparada por el silencio y la oración, «se invita a cada persona a abrir en sí misma un espacio para los demás y para el Otro. De nuevo, cada uno toma la palabra: no para reaccionar y contrarrestar lo que se ha escuchado, reafirmando su propia posición, sino para expresar lo que durante la escucha le ha conmovido más profundamente y por lo que se siente interpelado con más fuerza. Las huellas que la escucha de las hermanas y hermanos producen en la interioridad de cada uno son el lenguaje con el que el Espíritu Santo hace resonar su propia voz»[4].

El tercer paso, quizá más complejo que los anteriores: «… de nuevo en un clima de oración y bajo la guía del Espíritu Santo, es identificar los puntos clave que han surgido y construir un consenso sobre los frutos del trabajo común». No se trata de buscar un denominador común o mencionar los puntos más citados. Lo que la pauta nos expresa es que «es necesario un discernimiento que preste atención también a las voces marginales y proféticas y no pase por alto la importancia de los puntos en los que surgen desacuerdos. El Señor es la piedra angular que permitirá que la "construcción" se mantenga en pie, y el Espíritu, maestro de armonía, ayudará a pasar de la confusión a la sinfonía»[5].

El proceso culmina con agradecimiento y alabanza. A través de los demás, al encontrarlos en el amor, hemos descubierto algo nuevo de Dios[6].

A la hora de proponer una conversación en el Espíritu pautada, como ya indica el mismo *Instrumentum laboris*

---

[4] *Ibid*., 38.
[5] *Ibid*., 39.
[6] Cf. *Ibid*., 40.

de la primera sesión[7], hemos de hacerlo con cierta flexibilidad. En nuestro caminar juntos no debemos perder de vista que «la conversación en el Espíritu fue "descubierta" como el ambiente que permite compartir experiencias de vida y como el espacio de discernimiento en una Iglesia sinodal»[8]. Pero los grupos que se reúnen y los temas tratados son de muy diversa índole. Pueden ser grupos parroquiales de personas que se conocen y están acostumbradas a reunirse o grupos cuyos integrantes vienen de diversos puntos geográficos y no se conocen; grupos que tratan de tomarse el pulso y disponerse del mejor modo posible para sus actividades habituales, ya decididas y bien elegidas, o grupos que han de hacer elecciones complejas definiendo la misión o aspectos importantes de ella en la que se juega mucho de la vida de la comunidad. Pueden ser también grupos que pretenden captar la situación de la Iglesia en un lugar, tratando de definir juntos el propio estado, o grupos que han de decidir aspectos que orientarán la vida de una comunidad durante mucho tiempo, y precisan «escuchar al Espíritu, que es el auténtico protagonista, y recibir de él una misión»[9].

En esta gran diversidad, lógicamente también podemos encontrar grupos de personas más mayores y grupos de personas más jóvenes y, además, grupos con mucha experiencia y familiaridad con el discernimiento o grupos con menos o ningún recorrido en esta práctica de buscar juntos la voluntad de Dios con esta metodología.

---

[7] Cf. *Ibid*. 41.
[8] *Ibid*., 34.
[9] *Ibid*., 34.

Para todos será importante el clima de oración, discernir la propia contribución de cada uno, afinar la escucha y cuidar las disposiciones interiores señaladas más arriba. Pero la variedad de situaciones exigirá graduar el método según la situación del grupo. El papel de las facilitadoras o facilitadores será crucial en la conversación en el Espíritu para adaptarla a la situación de cada grupo, salvando siempre lo esencial. Tanto el *Instrumentum laboris* para la primera asamblea (octubre de 2023) como el *Documento final* de la segunda sesión (octubre de 2024) subrayan el valor de su papel y la prioridad que hay que dar ahora a la formación de los facilitadores para crecer como Iglesia sinodal[10].

Según el grupo que se reúne y el tema de la reunión será más apropiado un tipo de introducción u otro. Puede ser conveniente dedicar un tiempo a presentaciones si los participantes no se conocen y van a trabajar juntos un tiempo. Según las circunstancias, puede ser conveniente que cada participante comparta el momento espiritual en que se encuentra. Esto lo tratamos en el momento introductorio.

Lo mismo acontece en el modo de realizar las tres rondas. En algunos casos en los que no hay que tomar ninguna decisión, sino compartir y conocernos, quizá baste con hacer solamente las dos primeras rondas. En otras situaciones en que hay que tomar decisiones difíciles y complejas, donde puede haber gran diversidad de pareceres, puede ser conveniente no solo tener tres rondas, sino también las dos vueltas que veíamos en la deliberación de los primeros jesuitas.

---

10 Cf. *Ibid.*, 42. *Documento final*, 86.

Por otra parte, la experiencia de la práctica sinodal nos dice que es de gran ayuda interrumpir entre ronda y ronda con silencios y breves momentos de oración para acoger interiormente lo que va pasando en el grupo, para reposar, rumiar o discernir lo que vamos escuchando.

Según se haya realizado la conversación en el Espíritu, si ha ido fluida, si ha derivado en discusión, o si se han hecho sentir aferramientos o amarres afectivos o ideológicos, puede ayudar al final tener un tiempo de agradecimiento y examen de lo vivido. Todo lo que sucede en la conversación puede ayudarnos para el bien. No hay que eliminar nada, hemos de aprender de todo (cf. Rom 8,28). A lo largo de las tres rondas se va realizando un discernimiento, tanto en lo que compartimos como en la acogida que hacemos de lo que escuchamos. Pero cuando la conversación se orienta a una decisión, hay un discernimiento especial que requiere ciertas condiciones, que trataremos de aclarar más adelante. La decisión es otro momento que requiere atención. Cuando llega no podemos desentendernos de la acción del Espíritu Santo experimentada en la conversación. Hemos de acoger la gracia que se nos da, creer y decidir en consecuencia.

a. El momento introductorio

Dependiendo de la situación del grupo, puede ser conveniente pulsar su situación antes de entrar en las tres rondas, dedicando a ello una primera parte de la reunión. Este inicio ya puede comenzar a dar un clima espiritual al encuentro. Si se trata con un grupo de poca experiencia en la escucha activa y en el hablar intencional, este momento introductorio puede ser especialmente indicado y puede convenir cuidarlo más para mejorar el resto de la conversación.

En este momento introductorio[11] se busca recoger la disposición o el estado interior de cada participante al comienzo de la reunión, que puede ser acompañada de una explicación muy breve de por qué se siente así. Este compartir puede aportar datos significativos que expliquen la situación de la persona que participa en el discernimiento. Determinadas situaciones que pueda estar sufriendo fuera de la reunión pueden influir en el desarrollo de esta o en su participación. Este momento introductorio sirve para mostrar qué disposición traen los participantes a la reunión o si un participante está en estado de consolación o desolación.

«El objeto de atención en el *check-in* es el estado de cada miembro del grupo al comienzo de la reunión»[12].

Y este momento introductorio puede funcionar como un espacio de reconocimiento y bienvenida en que se puede hacer sentir a cada participante que su contribución es importante.

Tras una oración inicial el facilitador puede invitar a los participantes a expresar, brevemente, cómo se encuentran o cómo se sienten en ese momento, con preguntas del tipo: «¿Cómo están?» o «¿Cómo se encuentran al venir a esta reunión?». Antes de comenzar a compartir es conveniente una pausa para que los participantes puedan recogerse.

---

[11] Algunos lo llaman *check-in*. Cf. *Toolkit*, 11-13.
[12] *Ibid.*, 11.

Si alguien está pasando alguna dificultad especial, se puede explorar qué ocurre o, quizá más prudentemente, acercarse a la persona fuera de la reunión para, si es posible, escucharla y ayudarla. O si durante el *check-in* surge algún tema que deba tratarse durante la reunión, se puede incluir en el orden del día en el momento oportuno. Este momento introductorio puede no ser necesario o simplemente ser imposible en muchos grupos. Esto puede ocurrir a causa de la brevedad del tiempo del que se dispone para hacer todo el proceso, porque el grupo ya se conoce y convive, de modo que prácticamente todos saben dónde está cada uno, por las condiciones físicas del lugar, etc. Pero donde pueda hacerse suele marcar una gran diferencia, afectando muy positivamente a la calidad de la conversación en el Espíritu posterior o al discernimiento. En muchos casos permite contextualizar las intervenciones de algunas personas.

b. Las tres rondas

Como explicamos más arriba, el esquema básico de la conversación en el Espíritu es el de las tres rondas jalonadas con momentos de silencio y oración. La primera es la más sencilla en el sentido de que cada uno comparte lo que ha vivido en la oración, sean sentimientos, mociones o, también, razones. Los demás lo escuchan de una manera abierta, con la disposición de que pueda incluso cambiar su propia percepción o posición. En esta ronda no hay comentarios, ni siquiera de apoyo a quien habla. Algunos facilitadores piden que se lleve escrito lo que se compartirá para evitar que el grupo o las intervenciones anteriores condicione lo que cada uno pueda compartir. En la segunda ronda se comparte lo que nos ha movido de lo que hemos escuchado. El Espíritu puede hablar a través de los otros y hemos de abrirnos a acoger lo que nos quiera decir. Aquí hay que aplicar lo que ya dijimos de la escucha activa y vulnerable, con el presupuesto de salvar la proposición del prójimo[13]. Si estamos muy apegados a nuestra opinión y vemos que no se acepta en el grupo, podemos tener la tentación de repetir en la segunda ronda lo que dijimos en la primera para buscar influir. No debemos olvidar que en la segunda ronda se trata de acoger lo que sentimos que es del Espíritu en lo que otros han dicho. Esta es una de las grandes bendiciones de la conversación en el Espíritu, que nos saca de donde estábamos, nos abre y enriquece. Nos mueve interiormente.

Es probable que, si se trata de tomar el pulso al grupo o de compartir dónde estamos, pueda bastar con la segunda ronda. La razón es que no hay nada que decidir, simplemente compartir experiencias y enriquecernos mutuamente, fortaleciendo los vínculos del grupo y la comunión. La conversación en el Espíritu puede acabar con una oración de agradecimiento.

Cuando hay que decidir algo, la tercera ronda es necesaria. En la segunda ronda se ha ido formando un sentir del grupo. Entonces se hace necesario un discernimiento más afinado, tanto más cuanta más consideración requiera la cuestión que se debe decidir.

Algunos dicen que el discernimiento es demasiado complicado. No es complicado. En realidad, le pasa lo

---

[13] Cf. *EE*, 22.

mismo que al amor. En el fondo, discernir es unirse a, o vivir en sintonía con, el «Amor que desciende de arriba», el cual más que complicado es delicado y requiere cuidado, sensibilidad y finura. Cuando discernimos lo hacemos sobre cosas buenas o indiferentes. En el camino hay mucho que examinar en nuestro interior para dejarnos llevar del buen espíritu. Sucede que el mal espíritu a veces consuela, actúa como ángel de luz (Lucifer). Tenemos que distinguir la consolación verdadera de la falsa. Ayuda para ello preguntarnos de dónde viene y a dónde me lleva. Es importante en esta situación analizar el recorrido del sentir: el principio, el medio y el fin[14].

Cuando se trata de elegir, no basta simplemente seguir la opinión mayoritaria[15]. Y cuando se habla de llegar a un consenso, esto puede significar varias cosas, como ya vimos. No se trata del consenso como denominador común de lo que piensa el grupo. Ha de ser un consenso más decantado. No es lo mismo lo que pensamos espontáneamente que lo que alcanzamos después de salir de nuestro propio amor, querer e interés: lo primero, muchas veces, son simples discursos de los medios de comunicación que seguimos, o criterios que hemos aprendido acríticamente de nuestros grupos de pertenencia o referencia; lo segundo, es el resultado después de ponderar razones y discernir los movimientos interiores, personales y grupales o comunitarios. Este es un consenso decantado y el otro no.

---

[14] Cf. PAPA FRANCISCO, *El poder de la escucha, op. cit.*, 89-94.

[15] Cf. PAPA FRANCISCO, *Discurso a los miembros de la Comisión Teológica Internacional, 6 de diciembre de 2013, op. cit.*

Se pueden dar también decisiones más complejas o difíciles. Especialmente sucede donde hay diversidad de pareceres y posturas ideológicas fuertes o enfrentadas, donde existen intereses implicados o más historia. Puede ser simplemente que la cuestión planteada sea más trascendental. En estos casos habrá que cuidar más a fondo las disposiciones interiores y recurrir a las dos vueltas de las que hablamos en el ejemplo de la deliberación de los primeros jesuitas.

Es de gran ayuda, para no caer en la polarización y en el desencuentro de posturas contrarias, pasar por el tamiz de la total disponibilidad a la voluntad del Señor. Dedicar un día a que todos los participantes se dispongan a acoger la situación (A), aportando su sentir y sus razones o consideraciones a favor. Y dedicar otro día en que todos se dispongan a acoger la situación contraria, trayendo el sentir y las razones o consideraciones en favor de ella. Este ejercicio, nos hará más flexibles interiormente para acoger la voluntad del Señor y para aceptar la decisión tomada.

c. El discernimiento

Aparte de las disposiciones que ya vimos en el capítulo 5, que son más interiores, podemos señalar algunas condiciones necesarias de procedimiento para que sea posible un discernimiento en común.

- Oración personal antes, durante y después. Sin clima orante no es posible el discernimiento. Se supone que cada participante tiene una vida personal de oración porque lo que se aporta es fruto de esta.

- Que haya unidad de fin y diversidad de medios. Todo el grupo busca un mismo bien común, cumplir la voluntad de Dios, por ejemplo. Lo que se decide es el medio para alcanzar el fin en que todos coinciden.

- Discernimiento personal. Un discernimiento en común se hace muy difícil si los participantes no tienen ningún tipo de experiencia de discernimiento personal. El discernimiento va de detectar el espíritu que nos mueve. Si queremos elegir, es importante que seamos conducidos por el espíritu adecuado y que cada participante conozca y purifique la propia sensibilidad espiritual. Esto también es una condición para la conversación en el Espíritu. Lo que aportamos o vertemos a la conversación y lo que de ella acogemos, en algún modo lo discernimos.

- Los tiempos de silencio y de examen serán muy importantes a lo largo de los procesos. Darse tiempo para recogimiento, para hacer silencio, para examinar, nunca está de más.

- Fijar con claridad el punto a discernir.

- Tener buena información sobre el tema que se decide. Incluso se puede invitar a alguna persona que pueda aclarar u ofrecer información relevante sobre la materia que se elegirá.

- Definir con claridad desde el comienzo la metodología a seguir de modo que la conozcan todos los que participan.

- Dejar claro desde el comienzo el modo de tomar la decisión. Si hay que tomar una decisión final en el grupo es conveniente definir el tipo de mayoría

requerida, si se decide por consenso, o si hay alguna autoridad que decidirá una vez escuchado el grupo.
• Cuidar la afectividad espiritual, de modo que no haya vencedores ni vencidos.

d. El examen

Son muchos los incidentes imprevistos que se pueden presentar en la vida de un grupo que se reúne para una conversación en el Espíritu, orientada a una decisión o no. No podemos olvidar que estamos reunidos en el nombre del Señor y para compartir su acción en nuestras vidas, o para buscar juntos cuál es su voluntad, siempre en un ambiente de escucha mutua y comunión. En la conversación en el Espíritu, como en la vida espiritual, no se tira nada, «no hay papelera»[16]. Todo puede servir para el bien (cf. Rom 8,28), en todo puede haber un aprendizaje.

Uno de los momentos que necesitarán más examen será el momento de la desolación en el grupo. Será importante detectarlo y reaccionar. Síntomas de la desolación[17] suelen ser tensiones, oscuridad, dificultad para ver salidas, inquietud, falta de fe, de esperanza y de amor, tibieza, tristeza…

Como en la desolación hacemos lecturas negativas del pasado, podemos querer dar un cambio de rumbo a la vida o abandonar el proceso en que estamos. No es el

---

[16] Tomamos la expresión de Adolfo Chércoles, usada en sus conferencias.
[17] *EE*, 317.

momento. La recomendación en ese caso es «no hacer mudanza, sino estar firme y constante en los propósitos y determinaciones»[18] previos a la desolación, y mudarse contra la desolación. Sí, debemos mudarnos nosotros, mudar nuestras actitudes para disponernos mejor: más oración, más meditación, más examen[19]. También ayuda tener paciencia, que tiene alguna relación con la esperanza, pues la desolación no es para siempre, el Señor, a su tiempo, nos dará consolación.

Al examinar hemos de ver si verdaderamente estamos haciendo lo que debemos hacer, si cuando hemos de orar oramos o consultamos el correo electrónico, si nos estamos tomando en serio el proceso, etc.; es decir, si estamos siendo tibios, perezosos o negligentes porque, quizá, creemos que ya lo sabemos todo y que este proceso no nos va a aportar gran cosa. Aquí puede haber una causa de la desolación. También la desolación es tiempo de aprendizaje, en ella nos damos cuenta de que no controlamos ni manipulamos a Dios. Aprendemos que no es de nosotros tener consolación y también para cuánto somos cuando hay que caminar sin premios.

El lugar de aprender es el examen, revisar qué nos ha pasado, qué hemos vivido, por dónde nos ha conducido el Señor o por dónde nos hemos despistado. Al final de una reunión ayuda hacer un pequeño examen juntos[20], agradecer lo vivido y recoger las gracias recibidas. También para detectar actitudes que pudieron haber sido impedimento para que el grupo avanzara en

---

18 *EE*, 318.
19 Cf. *EE*, 319.
20 Un modo concreto de conducir este examen o revisión se puede encontrar en *Toolkit*, 14-18.

la escucha del Espíritu; o para darnos cuenta de qué sucedió, si la conversación en el Espíritu se torció y derivó en discusión. Algunos llaman a este momento evaluación, otros, revisión. Nosotros preferimos mantener el nombre tradicional de «examen», que comienza con la acción de gracias a Dios. El examen nos coloca en nuestro justo lugar: en actitud agradecida, de reconocimiento de lo que recibimos. No situándonos como «kilómetro cero», como nuestro propio origen, sino como receptores de gracias dadas que hemos de acoger y llevar a la vida. Por ello, no parece tener mucho sentido hablar de «evaluar». Evaluar nos coloca en una posición de cierta superioridad sobre lo que sucede o sobre las gracias recibidas.

El examen es también un momento de discernimiento cuya materia es la marcha de la conversación en el Espíritu. Descubrir y reconocer el paso del Señor por ella o los impedimentos que a ello pusimos.

e. Las decisiones

En reuniones o encuentros pastorales es frecuente que, mientras se mantienen en el ámbito de la generalidad, de los principios –acerca del amor a Cristo y su centralidad o de la importancia de las virtudes cristianas– y no se decide nada, haya acuerdo, buen ambiente, fraternidad y comprensión mutua. Es probable que la conversación en el Espíritu marche y se desarrolle con fluidez. Pero desde el momento en que los principios se empiezan a encarnar, cuando se comienza a tomar decisiones y se desciende a lo concreto –que nos obliga a salir de donde estamos, ponernos en movimiento y a aceptar lo que quizá no estaba en nuestros planes–, entonces la conversación en el Espíritu fácilmente puede tornarse en «discusión». En esos casos el buen ambiente de comunión y acuerdo se convierte en tensión y las distancias entre los participantes se alargan. En esta situación puede suceder también que sutilmente –consciente o inconscientemente– las decisiones se boicoteen y no se puedan dar los pasos concretos consensuados previamente. El don de Dios es para que dé su fruto. La palabra que recibimos está llamada a fructificar, dar «semilla al sembrador y pan al que come». La palabra recibida es para ser cumplida (cf. Is 55,10-11). Sucede que, en el momento de ponerlo en práctica, de aterrizarlo para el bien de la Iglesia, nos atascamos. Tal vez sea por esa tentación del gnosticismo de la que nos previene el papa Francisco, «una fe encerrada en el subjetivismo, donde solo interesa una determinada experiencia o una serie de razonamientos y conocimientos que supuestamente reconfortan e iluminan, pero en definitiva el sujeto queda clausurado en la inmanencia de su propia razón o de sus sentimientos»[21]. O quizás sea la tentación del «neopelagianismo autorreferencial y prometeico de quienes en el fondo solo confían en sus propias fuerzas y se sienten superiores a otros por cumplir determinadas normas o por ser inquebrantablemente fieles a cierto estilo católico propio del pasado»[22].

Ante la dificultad de aterrizar en decisiones tenemos que estar atentos[23] y, como dice el Santo Padre

---

[21] *EG*, 94.

[22] *Ibid.*

[23] Un guion-modelo de toma de decisiones en común se puede encontrar en: *Toolkit*, 34-44.

Francisco, reconocer que «la realidad es más importante que la idea». Las ideas pueden ser muy gloriosas, pero en momentos de fragilidad, como los que en muchos lugares vive la Iglesia, necesitamos la humildad de renunciar a glorias pasadas. Necesitamos acoger el don que se nos da, aunque no sea como en el pasado, aunque no sea como imaginamos en nuestras fantasías. El Evangelio nos enseña a amar lo germinal, lo pequeño, el grano de mostaza, el donativo de la viuda... y educa nuestra sensibilidad para ello.

Otro aspecto a considerar es que las decisiones no acaban cuando se formulan, sino que deben confirmarse en el discernimiento[24]. El tiempo será un criterio fundamental. Algunos signos que la confirman pueden ser que la paz que deja la decisión dure en el tiempo; otro signo es cuando la decisión ha nacido del agradecimiento y no del miedo y deja el corazón agradecido; cuando sentimos que la vida hace «clic» y las piezas encajan, cuando nos sentimos en nuestro sitio sencilla y pacíficamente; o sentimos que la opción tomada nos sigue manteniendo libres y sin apegos desordenados. Normalmente, las elecciones no bien tomadas tienen un punto de estridencia, que antes o después se hace sentir y sale a la luz.

f. El facilitador/a o moderador/a

Facilitar tiene relación con hacer factible un proceso y asegurar que los objetivos de una reunión se cumplan. En la conversación en el Espíritu el facilitador tiene que garantizar que el proceso fluya y que la reunión se

---

[24] Cf. Papa Francisco, *El poder de la escucha, op. cit.*, 97-101.

mantenga bien enfocada en la dirección correcta[25]. Es el modo de obtener los frutos. El facilitador es un acompañante, con aptitud para la escucha, que mantiene el tono y el ritmo del encuentro; cuida que los participantes se escuchen con atención, conversen entre sí tal como lo señalan los pasos de la metodología, y que estén atentos a lo que el Espíritu les pueda estar insinuando. El facilitador o facilitadora puede ser más de una persona. Ayuda en la medida de lo posible para que cada uno de los participantes pueda expresarse también con calidad y calidez. Cuando el facilitador forma parte del grupo, también habla y comparte, aunque no se recomienda que lo haga en primer lugar.

Debe estar atento y ser muy cuidadoso con los tiempos destinados a cada una de las rondas de la conversación en el Espíritu; de las pausas breves entre cada paso, así como también de los tiempos (minutos) de participación que corresponde a cada integrante del grupo o comunidad de discernimiento. La experiencia nos muestra que puede ser de gran ayuda que el facilitador use el cronómetro del celular (móvil) para marcar bien los tiempos de participación.

Es importante como cualidad del facilitador la libertad para colocar las reglas básicas para la buena marcha de la reunión; que todos conozcan bien el tema que va a ser tratado. También que no tenga miedo de interrumpir cuando una persona se alarga en su aporte y sobrepasa el tiempo; o de reorientar o volver a centrar a

---

[25] Una presentación clara y sencilla del papel del facilitador se puede ver en J. García de Castro, *op. cit.*, cap. 8, 8.2.c. (no citamos por páginas por tratarse de un e-book).

los participantes si estos se han dispersado y han salido del tema. Es recomendable tener un facilitador para el grupo grande, en caso de que haya, y otros facilitadores para los grupos pequeños. En el caso de grupos grandes que trabajan durante el día en grupos pequeños, es parte de la responsabilidad del facilitador animar la o las plenarias, si el encuentro es de más de un día. También ayuda, al final de la jornada, que los facilitadores dediquen un tiempo suficiente para compartir, examinar y recoger la experiencia vivida en los grupos durante la jornada. Es un modo conveniente de ajustar la metodología y ayudarse mutuamente para mejorar la dinámica del encuentro sinodal.

Hay tentaciones que el facilitador debe evitar en el acompañamiento al grupo, que nos parece importante tener presentes. Algunas de las principales son: la distracción, el falso respeto, el autoritarismo, el protagonismo, la irresponsabilidad, el paternalismo, el moralismo, el proteccionismo...

Como ya hemos señalado, el(la) facilitador(a) es una figura a la que tanto el *Instrumentum laboris 2023* como el *Documento final* de 2024 dan mucha importancia. Por ello los documentos sinodales animan a la formación específica de este servicio que, por otra parte, es clave para la extensión de la sinodalidad en la Iglesia.

8

Epílogo post-sínodo

La confirmación del método de la conversación en el Espíritu y del discernimiento en común

Desde la primera edición de este libro en septiembre de 2023, la sinodalidad ha sido firmemente adoptada por los obispos y las Iglesias particulares como el estilo natural de la Iglesia, camino de comunión, participación y misión. Al salir esta nueva edición, estamos ya en un camino de implementación, que involucra a la Iglesia en todo el mundo a todos los niveles. Algunos hablan de la sinodalidad como el acontecimiento más significativo en la vida de la Iglesia desde el Concilio Vaticano II, que integra la dinámica del Concilio de manera permanente. La sinodalidad no es otra cosa que una conversión cultural en la Iglesia, que recupera una forma antigua de proceder, pero adaptada a las necesidades de nuestro tiempo. Se enraíza en la dignidad bautismal y se expresa en la corresponsabilidad diferenciada y en la búsqueda de consensos espirituales fruto del discernimiento para la misión. En el centro de esa conversión está la conversación en el Espíritu, un método práctico y sencillo, pero cuya profundidad nace de las disposiciones interiores que pide y se reconoce en sus frutos.

En octubre de 2024 concluyó la segunda sesión del Sínodo sobre la sinodalidad y se promulgó su *Documento final*[1]. Con la «Nota de acompañamiento» de 2024, el papa Francisco inauguró la fase de implementación. En marzo de 2025, un comunicado de la Secretaría General del Sínodo, junto con una carta de acompañamiento, presentó las etapas de dicha fase, que concluirán con una Asamblea Eclesial en Roma en octubre de 2028. Finalmente, en junio de 2025, la Secretaría General del Sínodo publicó las *Pistas para la fase de implementación*, aprobadas por el papa León XIV.

En esta nueva edición hemos actualizado el texto de tal forma que integra tanto el *Documento final* de 2024 (*DF*) como las *Pistas para la fase de implementación del Sínodo 2025-2028*. Dado que nuestra finalidad era presentar de modo sencillo la riqueza de la conversación en el Espíritu y ofrecer una ayuda práctica para el uso del método, especialmente cuando está orientado al discernimiento en común, los cambios han sido mínimos. Los documentos posteriores citados han confirmado el método, al reconocerlo como un recurso importante para la realización del Sínodo, y continúan alentando su aplicación en la fase de implementación.

El *Documento final* ha confirmado la validez del método de la conversación en el Espíritu y del discernimiento en común. Allí se reconoce que «del camino

---

[1] Francisco, XVI Asamblea General Ordinaria del Sínodo de los Obispos, *Por una Iglesia sinodal: comunión, participación y misión. Documento final*, en: https://loyol.ink/gdied

sinodal iniciado en 2021, ya hemos podido constatar los primeros frutos. Los más sencillos, pero más preciosos, están fermentando en la vida de las familias, parroquias, asociaciones y movimientos, pequeñas comunidades cristianas, escuelas y comunidades religiosas, donde crece la práctica de la conversación en el Espíritu, el discernimiento comunitario, el compartir los dones vocacionales y la corresponsabilidad en la misión» (*DF*, 7). Y añade una dimensión más profunda de esta práctica: «… viviendo la conversación en el Espíritu, escuchándonos unos a otros, hemos percibido su presencia [del Resucitado] en medio de nosotros: la presencia de aquel que, donando el Espíritu Santo, sigue suscitando en su pueblo una unidad que es armonía de las diferencias» (*DF*, 1). Por otra parte, la práctica del discernimiento se ha revelado un medio eficaz para responder a los desafíos planteados a la Iglesia (cf. *DF*, 11).

El Sínodo reconoce en la conversación en el Espíritu «una herramienta que, aun con sus limitaciones, resulta fructífera para permitir una escucha auténtica y discernir lo que "el Espíritu dice a las Iglesias" (Ap 2,7). Su práctica ha provocado alegría, asombro y gratitud y se ha experimentado como un camino de renovación que transforma a las personas, a los grupos y a la Iglesia» (*DF*, 45).

A lo largo del proceso sinodal no han faltado dificultades en la aplicación del método: «No ocultamos que hemos experimentado en nosotros mismos el cansancio, la resistencia al cambio, y la tentación de hacer que nuestras ideas prevalezcan sobre la escucha de la Palabra de Dios y la práctica del discernimiento […] esto nos hizo darnos cuenta de que la sinodalidad exige arrepentimiento y conversión» (*DF*, 6).

El modo de compartir y de escuchar, propio de la conversación en el Espíritu, requiere actitudes interiores que, a menudo, faltan o se viven con dificultad. Por eso, el *Documento final* insiste de manera especial en la necesidad de conversión.

Como ya señalábamos en capítulos anteriores, tanto la conversación en el Espíritu como el discernimiento deben adaptarse a los contextos en los que se aplican. El Sínodo reconoce que «en la Iglesia existe una gran variedad de enfoques del discernimiento y de metodologías establecidas. Esta variedad es una riqueza: con las oportunas adaptaciones a los distintos contextos, la pluralidad de enfoques puede resultar fecunda. Con vistas a la misión común, es importante que entablen un diálogo cordial, sin dispersar las especificidades de cada uno y sin atrincheramientos identitarios» (*DF*, 86). Así mismo, subraya la importancia de la formación de los facilitadores, «cuya contribución resulta a menudo crucial para llevar a cabo los procesos de discernimiento» (*DF*, 86).

Como señala el documento *Pistas para la implementación del Sínodo*, «el método sinodal no puede reducirse a un conjunto de técnicas para gestionar encuentros, sino que constituye una experiencia espiritual y eclesial que implica crecer en una nueva manera de ser Iglesia, arraigada en la fe de que el Espíritu concede sus dones a todos los bautizados, a partir del *sensus fidei*»[2].

En esta misma línea, los organismos de participación en una Iglesia sinodal están llamados a adoptar una metodología de trabajo sinodal. El *Documento final* indica que «la conversación en el Espíritu, con las

---

[2] https://loyol.ink/l1cgt (p. 21).

adaptaciones oportunas, puede ser un punto de referencia» (*DF*, 105). Es decir, no como un método único y excluyente, sino como un modelo inspirador que ayuda a asegurar la escucha, el discernimiento comunitario y la apertura al Espíritu en diversos procesos. Ahora bien, el texto de *Pistas* recuerda que, aunque la conversación en el Espíritu debe ser valorada como «una de las características distintivas y uno de los elementos de éxito del proceso sinodal [...], sin embargo, no es el único método sinodal ni es sinónimo de discernimiento eclesial, sino que se sitúa a su servicio como instrumento y preparación» (*Pistas*, p. 21).

En efecto, la conversación en el Espíritu, siendo un valioso instrumento para la Iglesia sinodal, «ante todo un instrumento de encuentro, de crecimiento en la relación y de paso del yo al nosotros» (*Pistas*, p. 21), no sirve para todo. Con frecuencia el discernimiento eclesial requerirá la contribución de otras competencias[3].
Por ejemplo, en el proceso de recabar la información necesaria para una decisión o de realizar una lectura más profunda del contexto, existen medios más adecuados que la conversación en el Espíritu y es deseable recurrir a ellos. Así mismo, puede ser necesaria la participación de expertos que hagan visibles aspectos e implicaciones de las decisiones a tomar.

---

[3]   Ya señalábamos la necesidad de complementar el método de la conversación en el Espíritu para hacerse cargo de la realidad a ser abordada. Cf. «El método del discernimiento en común», pp. 156 y 160, en los apéndices de este libro.

Aplicaciones de la conversación en el Espíritu

Uno de los primeros comentarios que recibimos de algunos lectores fue que habría sido oportuno escribir también una versión del libro dirigida a los políticos. La percepción general que tenemos de la política en nuestras democracias es bastante negativa: se la concibe como un lugar de conflictos, dominado por intereses partidarios o de grupos que aparecen como irreconciliables. En el debate público rara vez se da un verdadero encuentro; no hay escucha ni reconocimiento del otro. Con frecuencia predominan la agresividad, la defensa a ultranza de las propias posiciones y la descalificación del adversario; en definitiva, la negación del otro. La conversación en el Espíritu, en cambio, genera armonía, orienta hacia la búsqueda de la verdad y del bien, y ayuda a superar polarizaciones.

Necesitamos escucharnos. Esa ha sido una de las mayores invitaciones del proceso sinodal: escucharnos unos a otros y escuchar al Espíritu abriéndonos a lo que nos pueda inspirar. Se trata de una escucha activa y vulnerable, capaz de dejarnos afectar por lo que dicen los demás y de cambiar nuestra percepción de las cosas.

El método sinodal nos pone en esa disposición: en modo escucha, en modo apertura al otro, en modo acogida. Y estas no son, por desgracia, las actitudes más frecuentes en la vida política, social, laboral y, no pocas veces, en la vida familiar. No basta con votar para resolver los problemas que nos aquejan en nuestra vida cívica. Es necesario aprender a escucharnos con apertura y vulnerabilidad, como venimos señalando, y, desde allí, generar auténticos consensos.

Ciertamente, la conversación en el Espíritu y el discernimiento en común son aplicables a los consejos pastorales, parroquiales o episcopales y a otras instituciones eclesiales. En estos ámbitos damos por supuesto que se busca reconocer hacia dónde conduce el Espíritu a la comunidad y, para ello, la referencia a Jesús y a su Palabra es ineludible. Discernir es, en definitiva, aprender a sentir en Cristo.

Cuando se plantea la práctica de la conversación en el Espíritu y el discernimiento en común para grupos no cristianos, puede buscarse una forma de toma de decisiones comunes que evite la polarización y la confrontación y que promueva consensos fecundos para la vida en común. Sin embargo, hablando con rigor, no se tratará de lo que llamamos conversación en el Espíritu ni discernimiento en común, pues en estos el punto de referencia esencial es la Palabra de Dios y la aspiración por tener el mismo sentir que Cristo Jesús (Flp 2,5).

Una aplicación laica del método sinodal que sirviera a políticos o a consejos de administración requeriría que estos tuvieran una noción compartida de bien común, que pudiera servirles de punto de encuentro. Implicaría también reconocer que los demás no son simplemente adversarios o enemigos, sino personas que, a su modo, también buscan el bien.

Con estos presupuestos puede empezar a hacerse posible la escucha mutua. Es natural que existan diferencias entre los *cómos*, pero el punto de encuentro estaría en el bien común, en el bien de la ciudadanía. La conversación en el Espíritu sirve y ayuda porque quienes participan encuentran su unión en un bien superior, aunque mantengan posiciones o intereses distintos, que aprenden a posponer en aras de ese bien mayor.

Al verter en un mismo cauce y buscar juntos el bien, los participantes van alcanzando consensos, que, como hemos visto, no son la mera intersección de intereses individuales, sino la construcción compartida de algo nuevo. De ese modo, pueden tomar decisiones comunes sin descalificaciones, orientados juntos al bien superior. En este sentido, la práctica de la conversación en el Espíritu es una escuela de las virtudes y actitudes necesarias para la convivencia política. Es el alma de la democracia.

En los numerosos talleres que hemos podido acompañar a ambos lados del Atlántico sobre la conversación en el Espíritu y el discernimiento en común, otra aplicación que nos ha sido sugerida ha sido la de introducir esta metodología en la vida de pareja. En parejas cristianas con fe sería aplicable y en otras no cristianas se podrían tomar elementos para mejorar las conversaciones, comprenderse mejor y tomar decisiones juntos.

La religión ofrece un marco privilegiado para la conversación en el Espíritu. El sabernos religados –vinculados– a algo mayor que nosotros y a otras personas ayuda a compartir. En cambio, la carrera competitiva e individualista de cada día, de cada uno, por sí y para sí, no lo hace. La actitud con la que entramos en un templo o en otro lugar sagrado es completamente diferente de la que se tiene cuando se entra, por ejemplo, en una oficina o en un supermercado. A un templo no vamos con una lista de tareas que tenemos que hacer. Vamos, por lo general, en actitud receptiva, no agresiva ni dominante, como la que, con frecuencia, marcan otros ámbitos de la vida cotidiana.

Incluso en la vida profana se requieren ciertos cambios disposicionales, si queremos avanzar humanamente en el camino de la verdad y del bien: apertura, receptividad, acogida del otro… Ya que la familia es la cuna de la sociedad civil, es vital enseñar y practicar estas disposiciones, sobre todo, en un contexto que, como dice el papa León, está cada vez más conformado por el ritmo y la cultura de la tecnología:

«Hoy nos encontramos en una cultura en la que la dimensión tecnológica está presente en casi todo, especialmente ahora que la adopción generalizada de la inteligencia artificial marcará una nueva era en la vida de las personas y de la sociedad en su conjunto. Este es un desafío que debemos afrontar: reflexionar sobre la autenticidad de nuestro testimonio, sobre nuestra capacidad de escuchar y hablar, y sobre nuestra capacidad de comprender y ser comprendidos. Tenemos el deber de trabajar juntos para desarrollar una forma de pensar y un lenguaje de nuestro tiempo que dé voz al Amor. No se trata simplemente de generar contenido, sino de crear un encuentro entre corazones»[4].

Espiritualidad sinodal y conversación en el Espíritu

Llama la atención que de todas las veces que el *Documento final* nombra la conversación en el Espíritu, tres se encuentran en la sección dedicada a la espiritualidad sinodal (nn. 43-46). Señalábamos cómo la sinodalidad, en

---

[4] *Saludo del S. Padre León XIV a* influencers *y misioneros digitales*, Basílica de San Pedro, 29 de julio de 2025. https://loyol. ink/tudse

su raíz, es una disposición espiritual que atraviesa la vida cotidiana de los bautizados y cualifica todos los aspectos de la misión. Se trata, en definitiva, de una disposición fruto del primado de la gracia, que convoca, orienta y purifica. Desde este horizonte, podemos decir que la conversación en el Espíritu va más allá de ser un recurso metodológico y se convierte en escuela de vida espiritual eclesial, donde aprendemos a reconocer la iniciativa de Dios, a escuchar «lo que el Espíritu dice a las Iglesias» (Ap 2,7) y a acoger su obra de unidad como armonía de las diferencias (cf. *DF*, 1).

El papa Francisco nos recordaba que el Espíritu Santo es un guía seguro y que nuestra primera tarea es aprender a discernir su voz, porque habla en todos y en todo. El *DF* (n. 43) añade que la espiritualidad sinodal pide ascesis, humildad, paciencia y aprender a perdonar y a ser perdonados, acogiendo la diversidad de dones para el servicio (1 Cor 12,4-5). Podemos afirmar que la conversación en el Espíritu hace esto real, concreto, en cuanto que la oración y el silencio educan la escucha; la palabra compartida con verdad y caridad abre al perdón y el discernimiento común ayuda a recibir y ordenar los carismas como servicio, no como competencia. De ese modo lo que podría correr el riesgo de quedarse en ideal se va convirtiendo en práctica cotidiana.

En este sentido, la conversación en el Espíritu hace realmente espiritual la sinodalidad. Y la hace desde el momento en que facilita la integración de contemplación y responsabilidad, escucha y decisión, diversidad y comunión. Podemos decir que ayuda a forjar un modo cristiano de estar ante Dios y ante los hermanos porque dispone al silencio orante, a la escucha recíproca y al discernimiento que contrasta todo con la Palabra. Es así que madura como obediencia común al querer de Dios. Desde dentro, la conversación en el Espíritu cura y reconstruye vínculos. Allí donde ha habido desconfianza, heridas o polarización, abre caminos de sanación y reconciliación que hacen posible de nuevo la comunión y la misión. Desde fuera, actúa a modo de criterio ascético, en cuanto ayuda a distinguir cuándo un encuentro o una reunión se reducen a choque de intereses y cuándo, en cambio, se desarrollan como discernimiento eclesial. De esta manera, la conversación en el Espíritu ayuda a evitar la tentación, no poco frecuente, de reducir la sinodalidad a procedimientos o técnicas, al tiempo que recuerda que sin profundidad espiritual personal y comunitaria, el método pierde su alma.

La necesaria conversión

El *Documento final* del Sínodo subraya la necesidad de una conversión continua para vivir auténticamente la sinodalidad. Esta conversión se concentra en dos áreas principales: las relaciones y vínculos comunitarios y los requisitos para caminar juntos escuchando al Espíritu. En efecto, «la sinodalidad es ante todo una disposición espiritual que impregna la vida cotidiana de los bautizados y todos los aspectos de la misión de la Iglesia» (*DF*, 43).

Hemos dedicado un capítulo a las disposiciones interiores del discernimiento en común, que expresan esa disposición espiritual para una Iglesia sinodal. El *Documento final* nos confirma al señalar que «el discernimiento eclesial no es una técnica organizativa, sino una práctica espiritual que hay que vivir en la fe. Requiere libertad interior, humildad, oración, confianza mutua, apertura a la novedad y abandono a la voluntad de Dios [...]. El discernimiento es tanto más rico cuanto más se escucha a todos» (*DF*, 82).

Si algo ha quedado claro en el proceso sinodal y en su implementación es que «la escucha es un componente esencial de todos los aspectos de la vida de la Iglesia» (*DF*, 70). Discernir y escuchar, dos aspectos básicos del caminar juntos, suponen una verdadera conversión. Requieren despojarse de uno mismo, salir del propio amor querer e interés, humildad para compartir y escuchar, de modo que lo que recibimos de los demás pueda transformar nuestras perspectivas.

Caminar con otros no será posible sin un mínimo cuidado del propio interior; sin discernimiento personal no es realista esperar un verdadero discernimiento comunitario. También será necesario buscar libertad interior, soltarse de amarres afectivos o ideológicos para crecer en disponibilidad para acoger el don del Espíritu. Solo así podremos crecer en compasión, una mirada al mundo y a los demás capaz de dejarse afectar.

Por otra parte, el Sínodo reconoce la realidad del individualismo y el aislamiento que afectan hoy a tantas personas en los contextos donde la Iglesia desarrolla su vida. Ante esta situación, invita a una conversión de las relaciones (*DF*, parte II) y al cuidado de los vínculos, señalando que el modo sinodal de vivir las relaciones es una respuesta adecuada (cf. *DF*, 48). El texto señala que «ser Iglesia sinodal implica una auténtica conversión relacional», ser «una Iglesia más capaz de alimentar las relaciones» (*DF*, 50), y una Iglesia «hogar de los pobres» (*DF*, 19).

Además, el Sínodo advierte el cambio en la experiencia de los lugares donde la Iglesia está presente, lo que exige una atención particular a los vínculos que nos unen (cf. *DF*, 109). El concepto de lugar ya no puede entenderse solo en términos geográficos, pues «los vínculos territoriales tradicionales cambian de significado» (*DF*, 111). Esto plantea a la Iglesia la necesidad de reflexionar sobre el sentido de su dimensión local y de revisar sus formas organizativas para servir mejor a su misión (cf. *DF*, 114).

La movilidad humana, el fenómeno migratorio y la cultura digital plantean nuevos desafíos a la hora de forjar vínculos (cf. *DF*, 112.113). En este contexto, la Iglesia está llamada a vivir y reconstruir la vida comunitaria. El corazón es «el primer lugar donde resuenan todas nuestras relaciones, enraizadas en la relación personal de cada uno con Cristo Jesús y su Iglesia. Esta es la fuente y la condición fundamental para toda reforma en clave sinodal de los vínculos de pertenencia y de los espacios eclesiales» (*DF*, 110).

Si la sinodalidad exige arrepentimiento y conversión, no basta con sustituir personas: es necesario que sean personas renovadas. Sin conversión interior, el caminar juntos es imposible. El amor que desciende de arriba es el vínculo principal para caminar juntos, pero la sobriedad, la frugalidad, la renuncia y la escucha resultan esenciales para fortalecer la comunión.

Para caminar juntos como Iglesia es necesario evitar polarizaciones, sectarismos y discusiones que terminan confundiendo al pueblo. Asimismo, debemos respetar las distintas velocidades, ritmos y sensibilidades pastorales, manteniendo la «disciplina de éxodo» de modo que, aunque el pueblo se estire, no llegue a romperse.

Autoridad y sinodalidad

No han faltado voces que han querido ver en la sinodalidad una democratización de la Iglesia. A veces se piensa que la sinodalidad equivale a un sistema democrático, pero no es así. Que cada persona tenga un voto no asegura, por sí mismo, una participación de calidad. Lo que realmente importa es que haya una participación lo más amplia posible, capaz de favorecer la comunión y de decantar consensos, que no son la mera intersección de intereses particulares.

Otros críticos han señalado que la sinodalidad supone una pérdida de autoridad en la Iglesia. Sin embargo, esta interpretación tampoco encuentra respaldo en los documentos sinodales.

La participación a la que nos invita el Sínodo se realiza sobre la base de una «corresponsabilidad diferenciada» (*DF*, 89) y busca «que las decisiones que se tomen sean fruto de la obediencia de todos a lo que Dios quiere para su Iglesia […] buscando un consenso lo más unánime posible» (*DF*, 90). «En la Iglesia, el ejercicio de la autoridad no consiste en la imposición de una voluntad arbitraria», la autoridad no puede actuar como si no hubiera escuchado; «una oposición entre consulta y deliberación es, por tanto, inadecuada» (*DF*, 92).

El *Documento final* subraya, además, la transparencia, la rendición de cuentas de los ministros a la comunidad y la evaluación periódica de cómo se ejercen las responsabilidades ministeriales, recordando que son prácticas tradicionales de la vida de la Iglesia que no deben ser olvidadas (cf. *DF*, 95-101). Todo esto no significa un debilitamiento del carisma de la autoridad, sino un fortalecimiento de la autoridad, que gana credibilidad al ejercerse en comunión y servicio. La sinodalidad no elimina el papel del superior ni de otros carismas en la Iglesia; más bien les pide ejercer su ministerio escuchando seriamente antes de tomar decisiones. Como nos recuerda el *Documento*: «Dado que en la fase de implementación será necesario llegar a deliberaciones concretas con miras a la renovación de prácticas y estructuras, los procesos decisionales deberán ser plenamente eclesiales, reconociendo la función propia de la autoridad, en particular de los obispos diocesanos o eparquiales, primeros responsables de la comunión en las Iglesias que les han sido confiadas, así como entre las Iglesias» (*Pistas*, p. 21).

Las formas de gobierno se han sucedido a lo largo de la historia y en la vida política actual suelen presentarse en diversas combinaciones de democracia, aristocracia y monarquía. Hannah Arendt reconoce en el totalitarismo una nueva forma de gobierno, surgida en la primera mitad del siglo XX. Y advertía de que «es muy probable que permanezca con nosotros a partir de ahora, de la misma manera que las demás formas de gobierno que surgieron en diferentes momentos históricos y basadas en experiencias fundamentalmente diferentes han permanecido con la humanidad al margen de sus derrotas temporales»[5].

---

[5]   Hannah ARENDT, *Orígenes del totalitarismo*, Taurus, Madrid 1974, 579. Cf. también p. 409.

Es probable que no adopte siempre la misma forma, pues es posible «que las verdaderas dificultades de nuestro tiempo asuman su forma auténtica –aunque no necesariamente la más cruel– sólo cuando el totalitarismo se haya convertido en algo del pasado»[6]. Si este diagnóstico resultara certero, bien deberíamos prevenirnos de esa forma de gobierno demoníaca, capaz de despersonalizar a las personas para reducirlas a masa o a plebe, manipularlas e instrumentalizarlas, hasta el extremo de volverlas superfluas.

Podríamos decir que en la Iglesia existen expresiones de sinodalidad con una tendencia más bien *monárquica* y otras de carácter más *democrático*. Ambas, sin embargo, buscan lo mismo: la verdad, el bien y la comunión en la Iglesia. La sinodalidad, en cualquier caso, nos pone en actitud de escucha del Espíritu. Que la decisión final recaiga en una persona o en una comunidad no es lo esencial, pues en ambos casos se trata de discernir lo que Dios quiere para su Iglesia. Así, las órdenes religiosas monásticas y mendicantes, de tradición capitular, suelen tener un estilo más democrático en sus decisiones; mientras que otras, nacidas en contextos históricos distintos, se organizan de modo más monárquico.

La misma Iglesia, con sus obispos y el papa, tiene un modo de gobierno más monárquico, lo cual no significa en modo alguno absolutista, sino que responde a un modo legítimo de ejercer la autoridad al servicio de la comunión.

La sinodalidad no elimina el papel del superior ni de otros carismas en la Iglesia, simplemente les exige

---

6 *Ibid.*, 559.

escuchar seriamente en el ejercicio de su ministerio antes de tomar una decisión. Lo decisivo para la sinodalidad no es que la última palabra corresponda a una persona o a un grupo, sino que todo se realice en un clima de participación, comunión y escucha del Espíritu. Como nos recuerda Carlos M. Galli, «el principio sinodal está ligado a la presencia del Espíritu como fuente de vida eclesial»[7].

No se asegura que el consenso decantado sea mejor o peor, o más fiel al Espíritu, si quien decide es una comunidad –con el criterio de un voto por persona– o una persona legítimamente elegida que represente a la comunidad. Lo esencial es que la decisión surja de un verdadero proceso de discernimiento comunitario en el Espíritu, pues es este el que da sentido y legitimidad al resultado final.

Queremos cerrar este epílogo haciendo nuestras las palabras de las *Pistas para la implementación del Sínodo*:

«El método sinodal nos ha permitido dejarnos sorprender por el Espíritu Santo y recoger frutos inesperados en la fase de consulta y escucha, así como durante el desarrollo de las sesiones de la Asamblea sinodal, suscitando el asombro y el entusiasmo de muchos participantes, como lo atestiguan muchas síntesis y documentos recibidos: la comunión entre los fieles, entre los pastores y entre las Iglesias ha sido alimentada por la participación en los procesos y eventos sinodales, renovando el impulso y el sentido de corresponsabilidad por la misión común. Esto nos permite mirar con confianza el camino que nos espera en los próximos años» (*Pistas*, p. 23).

---

[7] Carlos María GALLI, «La figura sinodal de la Iglesia según la Comisión Teológica Internacional», en: Rafael LUCIANI y María del Pilar SILVEIRA (eds.), *La sinodalidad en la vida de la Iglesia. Reflexiones para contribuir a la reforma eclesial*, San Pablo, Madrid 2020, 24.

Apéndices

Modelos de esquemas de conversación en el Espíritu para el discernimiento

En este apéndice proponemos algunos esquemas de conversación en el Espíritu para el discernimiento en común. Volvemos a repetir algunas sugerencias procedimentales y actitudes interiores de la conversación en el Espíritu y del discernimiento que ya fueron expresadas anteriormente. Lo hacemos porque estos subsidios pueden ser usados de manera autónoma al resto del texto, aunque serán mejor comprendidos y aplicados con el contenido del texto anterior.

Como ya hemos señalado, la conversación en el Espíritu puede aplicarse de diferentes formas. Esto depende de la multiplicidad de realidades que se nos pueden presentar. Con todo, es importante no descuidar lo esencial que nos aporta la metodología. Hay también factores de tiempo, de tipo de grupo (equipo, comunidad, parroquia, etc.), diferentes necesidades y objetivos, que hay que tener en cuenta. Esta pauta es muy sencilla y general y creemos se aplica a una gran cantidad de usos. Como se señala al comienzo, ya presupone que anteriormente todos han hecho oración o lectura orante sobre el punto o tema específico que se quiere abordar en la conversación en el Espíritu en los pequeños grupos.

La figura del facilitador/a. Lo mejor es que ya haya/n sido elegido/s con anterioridad, antes de ir a los pequeños grupos. También quien haga el servicio de secretario/a. La práctica sinodal hasta ahora vivida nos habla de la importancia de elegir bien para este servicio. Es función de la facilitadora/or hacer que todos los participantes se sientan bienvenidos; garantizar un espacio seguro, recordándoles a todos que deben ser respetuosos; invitar amablemente a todos a participar, pero sin obligar; avisar sobre la confidencialidad de lo que se habla; cuidar de no dominar la conversación del grupo ni permitir que alguien más la domine; hacer hincapié en escuchar y aprender unos de otros. Le corresponde también la delicada función de cronometrar los tiempos de participación para que todo fluya según lo programado. Estas cosas, ante cierto tipo de participantes, puede requerir al facilitador un plus de valentía y firmeza. Del mismo modo que el *Instrumentum laboris*[1], el *Documento final* señala la importancia de la formación de los acompañantes o facilitadores/as «cuya contribución resulta a menudo crucial para llevar a cabo los procesos de discernimiento»[2].

Las funciones del secretario/a del grupo son: tomar notas y capturar lo que podríamos llamar el consenso del grupo. Pero también es su labor recoger los temas o ideas interesantes o innovadoras que surjan a lo largo del diálogo, aunque no sean consensuadas; registrar

---

[1] Cf. *IL 2023*, 42.
[2] *Documento final*, 86. https://loyol.ink/gdied

momentos importantes; procurar que sus notas incluyan suficiente información, que dé cuenta de lo que ocurrió y lo que se compartió en el grupo y hacia donde apunta el impulso del Espíritu. Es conveniente que el secretario sea fiel a lo sucedido y no añadir de su cosecha. Antes del plenario viene bien confrontar al menos con el facilitador.

A la hora de hacer los grupos pequeños, la experiencia da que cuanto más plurales sean, mejor; es decir, que junten hombres y mujeres, jóvenes y mayores, laicos, laicas, religiosos, religiosas, sacerdotes y obispos. Todos ellos en un régimen de igualdad en cuanto hijos e hijas de Dios y oyentes de su Palabra.

Pautas para la conversación en el Espíritu en un grupo (después de haber hecho la oración personal)[3]

1. Motivación del facilitador

El facilitador da la bienvenida a los participantes y hace que se sientan acogidos. Hace una pequeña oración inicial, a la que puede invitar a otros. Según sea el grupo, puede animar a una rápida presentación de cada uno de los participantes.

Después da las siguientes pautas para el buen desarrollo de la reunión:

- Importancia de la escucha activa, respetuosa y abierta.
- La posibilidad de usar un objeto simbólico en el compartir personal para fijar mejor la persona que habla. El participante, mientras tiene ese objeto en la mano, tiene la palabra y nadie más habla hasta que termine y otro participante solicite el objeto y tome él la palabra.

---

[3] Parte de esta pauta es una pequeña adaptación de: José DE PABLO, SJ, *Pautas conversación espiritual*, que está basada en ESDAC (Ejercicios Espirituales para el Discernimiento Apostólico en Común). Puede verse también *Toolkit*, 21-24.

- Se comparte el fruto de lo experimentado en el Señor en el tiempo de oración anterior (mociones interiores, sentimientos, luces). No se dialoga sobre otras cosas.
- Guardar tiempos breves de silencio, de recogimiento, entre compartir y compartir y entre ronda y ronda.
- Recordar que en los compartires no se hace ningún sermón, ni se trata de convencer o hacer prevalecer la opinión propia.
- Si hay preguntas, que sean solo por que algo no se ha entendido y se pide explicación.
- Clarificar también la importancia de respetar los tiempos especificados para cada compartir personal y para cada ronda.
- Recordar la importancia de dejar hablar al corazón, más que a las ideas.

2. Las rondas

Primera (3-4 min. por persona)

Cada uno de los participantes comparte el fruto de su oración (luces, mociones, pensamientos, sentimientos) en relación al tema o a las preguntas planteadas. Lo hace libre y abiertamente. El resto colabora solo con su escucha abierta, receptiva y vulnerable. Atiende con toda su persona cómo el Espíritu Santo actúa en cada compartir (sin juzgar y dejando de lado su propio parecer).

Segunda (20-25 min.)

Tras un breve silencio reflexivo tras la ronda anterior, cada participante comparte (refleja) lo que más le impresionó de la primera ronda. Se puede interactuar, pero manteniendo la tensión espiritual. Es importante recordar acá que no deben agregar nada nuevo, solo se deben remitir a lo escuchado en la primera ronda. Me puedo preguntar: ¿qué me ha impresionado más de lo escuchado?, ¿qué siento como preocupación común?, ¿dónde experimento armonía?, ¿qué emociones o sentimientos siento?, ¿qué ideas se me ocurren?

Tercera (10 min.)

Es una ronda menos estructurada que las anteriores. Los participantes reflexionan sobre lo que se suscitó dentro de ellos y en la conversación y qué les afectó más profundamente. Se pueden preguntar: ¿qué nos está diciendo el Espíritu? ¿Cómo o hacia dónde nos está guiando?

Se termina con una breve acción de gracias.

3. **Plenaria (el tiempo dependerá de la cantidad de grupos pequeños)**

Tras la sesión de los pequeños grupos de trabajo, se hace la reunión plenaria. El secretario/a de cada grupo pasa al frente y comparte lo fundamental que ha recogido. Si hay pregunta o preguntas que han guiado a los pequeños grupos, esa será la materia a ser compartida sintéticamente[4].

---

[4] En el caso de la existencia de varios grupos pequeños, el número de participantes recomendable es de entre 5 y 8. Si son varios grupos, se requiere el acompañamiento de un/a facilitador/a general que pueda llevar adelante la plenaria y sacarle el máximo provecho.

Método general de discernimiento en común[5]

1. Preparación

La persona responsable convoca a un grupo para un discernimiento en común. En tal caso, puede ser esa misma persona la que anima y se responsabiliza del proceso. Según los casos, podría ser también la que tras escuchar lo conversado en el grupo, tome la decisión final.

- Se selecciona al grupo de participantes para el discernimiento.
- Se elige el momento apropiado y el lugar.
- Puede ser que convenga que sea otra persona la que conduzca el proceso de discernimiento. Será su responsabilidad orientar, marcar los tiempos, organizar cómo trabajar, moderar al grupo.
- Es importante clarificar desde el inicio cómo se va a tomar la decisión final (consenso del grupo, autoridad presente, otras instancias o maneras).

2. Hacerse cargo de la realidad a ser abordada

En una primera reunión los participantes deben profundizar en el conocimiento de la cuestión sobre la que

---

[5] Está tomado de: JESUITAS, PROVINCIA DE ESPAÑA, *Discernimiento en común: una guía práctica*, 2019, 16-21, en: https://bit.ly/43kUBaB

se va a discernir. Conviene para todo el proceso posterior adquirir el mayor grado posible de información objetiva sobre el tema, sin forzar el análisis en ninguna dirección.

- Suministrar información: lecturas, informes, a través de expertos, investigación significativa sobre el punto, de tal modo que haya claridad suficiente sobre todo lo que sea relevante.
- Diálogo y contraste de pareceres: de clarificación, conciencia de la posible diversidad de pareceres, etc.
- Análisis de las razones a favor y de las razones en contra que se conocen de las diferentes opciones a ser discernidas que ayude a tener más claridad[6].

3. Reflexión y oración personal

Los participantes emplean un tiempo suficiente para orar y reflexionar personalmente todo lo anterior. Para ello puede ayudar ofrecer un pasaje de la Escritura en la que haya alguna relación con aquello para lo que se desea obtener luz. Y algunas orientaciones como las siguientes:

- Dedicar un tiempo a agradecer la presencia de Dios.
- Considerar el contexto (la parroquia, la comunidad, la obra, el grupo, etc.) que envuelve a este discernimiento que me dispongo a realizar con otros.

---

[6] Esta etapa del proceso, dependiendo de la temática y su importancia, puede ser más o menos larga.

- Pedir luz y libertad interior para no dejarme llevar por miedos, prejuicios, gustos, preferencias, etc.
- Responder por escrito:

  i   Condicionamientos externos e internos que traigo y que me quitan libertad en el abordaje del tema en cuestión.

  ii Lo que me produce luz, paz, ánimo, esperanza del tema. Considerar de dónde viene y adónde me lleva.

  iii Lo que me produce intranquilidad, miedo, duda, desánimo o inquietud de este tema. Considerar de dónde viene y adónde me lleva.

  iv Nombrar aquello a lo que me siento invitado, llamado, en relación al tema.

- Hacer una acción de gracias al final.

4. Compartir en grupo siguiendo las tres rondas de la conversación en el Espíritu

Se enfatiza de nuevo la importancia de las disposiciones interiores, así como de la escucha atenta, abierta, vulnerable con el objetivo de que cada participante vaya acogiendo el sentir del grupo y vaya captando la voluntad de Dios sobre el objeto del discernimiento.

1.ª ronda. Se hace la puesta en común de cada participante. Los demás escuchan con las características dichas. Se busca captar las mociones interiores y las llamadas. Nadie interviene, no hay debate ni tampoco réplica u objeciones. El moderador/a cuida de que nadie sobrepase el tiempo fijado para cada participación. Lo propio sería 3 o 4 minutos para cada uno.

2.ª ronda. Cada participante pone en común lo que más le ha llegado o resonado de lo escuchado. Esto debería hacerse en uno o dos minutos de tiempo por persona.

3.ª ronda. Se busca la síntesis final, tratando de recoger el fruto del compartir, en la medida de lo posible. Según la temática y las circunstancias, también es importante prestar atención y recoger los otros aportes, aunque no apunten al consenso.

5. Resultado del discernimiento

Esto dependerá del modo en que se tome la decisión. En el caso de que sea una autoridad ahí presente, esa persona decidirá si ha obtenido los elementos de juicio necesarios para hacerlo, si todo lo compartido ofrece suficiente claridad y puede dar por concluido el proceso de discernimiento.

En caso de que sea el grupo quien deba tomar la decisión, será el mismo grupo el que juzgará si ha obtenido suficiente grado de consenso. Si es así, el discernimiento se podrá dar por finalizado.

En caso de no llegar a este punto, será necesario ver cómo proseguir. Algunas de las posibilidades son:

a. Dejar reposar el tema y volver a retomarlo en otro momento oportuno.

b. Recoger más información, si es que la dificultad de no llegar al consenso se debe a esto.

c. Hacer un nuevo proceso de reflexión, oración personal y de compartir en grupo.

Esquema breve del método general de discernimiento en común[7]

Pasos que dar:

1. Preparación

Seleccionar el grupo que participará, elegir el momento y lugar, indicar la persona que conducirá el discernimiento, indicar cómo se tomará la decisión. Hacerse cargo de la realidad de que se trata. Se puede recurrir a:

- Aportación de datos por parte de alguna persona experta y preguntas.
- Diálogo y debate entre posturas diversas.
- Análisis de razones a favor y en contra.

2. Reflexión y oración personal, dedicando un tiempo suficiente en el que se responda por escrito a las siguientes preguntas (u otras semejantes):

1. ¿Qué condicionamientos externos o internos te quitan libertad?
2. ¿Qué te produce luz, paz, ánimo, esperanza ante este tema? Considerar de dónde viene y adónde me lleva lo que siento o pienso.

---

[7] Está tomado de JESUITAS, PROVINCIA DE ESPAÑA, *op. cit.*, 28.

3. ¿Qué te causa desasosiego, miedo, turbación, desánimo? Considerar de dónde viene y adónde me lleva lo que siento o pienso.
4. ¿A qué crees que nos está llamando Dios en este momento?
5. Compartir en grupo: se trata fundamentalmente de un ejercicio de escucha.

3. Rondas

1.ª ronda, puesta en común de las respuestas. Cada participante pone en común las respuestas escritas: mociones interiores y llamadas.
2.ª ronda, más breve, compartir el eco de lo escuchado.
3.ª ronda, una sola frase o palabra que sintetiza el fruto del compartir.

4. Resultado del discernimiento

Valorar si se ha alcanzado suficiente claridad y convergencia. Si no fuera así, se necesita continuar el discernimiento.

Método particular para la toma de una decisión[8]

Se trata de una metodología que requiere bastante preparación y esfuerzo por parte del grupo. Se orienta al discernimiento y la toma de una decisión. Normalmente se usa en caso de decisiones importantes.

Preparación[9]

Se deben clarificar dos cuestiones: a) el método que se va a seguir y b) el objeto preciso de la deliberación.

a) Se explica el modo de proceder y la forma de llegar a una decisión. Debe ser la persona responsable la que convoca al grupo para un discernimiento en común, pero conviene que la deliberación sea moderada por alguien ajeno al grupo y a la autoridad que convoca. Pero esto dependerá del tema que se trate y de las circunstancias. A veces no es necesario invitar a un moderador externo. Se debe explicar lo que se busca y se establecerá qué hacer si no se alcanza la unanimidad. Durante este proceso toda la comunicación será

---

[8] *Ibid.*, 21-27.

[9] No todos los grupos están igualmente preparados para este tipo de deliberación. La preparación (remota o próxima) se hará según sea necesario a cada grupo. Esta preparación puede hacerse a través de alguna charla, lectura, diálogo y puesta en común.

en común, evitando el intercambio de opiniones sobre el tema de discernimiento[10].

b. El objeto de la deliberación y de la decisión debe ser claro, dándosele al grupo toda la información necesaria para poder decidir[11]. El objeto de la deliberación debe ser uno. No se han de presentar dos alternativas, ni tampoco una entre varias. Según la complejidad de la temática, se podría requerir más o menos tiempo, además de clarificaciones y cierto debate.

Pasos[12]

1. Presentación en grupo del objeto de la deliberación. Aceptado el método y el objetivo de la deliberación, ayuda poner en común las disposiciones personales de los participantes.
2. Oración y reflexión para ver las mociones y las razones «en contra» de la propuesta. Y posteriormente se escriben. Es conveniente que cada participante se ponga en situación interior de que este es el resultado de la elección y buscar razones para ello.

---

[10] Cada uno de los participantes escucha solo a Dios, a sí mismo y al grupo reunido. De este modo se facilita el flujo de las mociones internas y, también, se evita todo tipo de influjo o presión externos. Esto es más fácil cuando todos los participantes están en el mismo lugar al mismo tiempo retirados de las ocupaciones habituales.

[11] Si hay información reservada, que solo algunos conocen, es claro que no puede haber proceso de discernimiento en común.

[12] Según sea el grupo y su práctica en la deliberación apostólica en común, los pasos se pueden acomodar o simplificar.

3. Puesta en común de las razones «en contra», aportando lo que fue el fruto de la oración. No hay debate ni diálogo, simplemente escucha. Se deja un tiempo para acoger todo lo escuchado sobre las razones «en contra». Se toma nota.

4. Oración y reflexión sobre las razones y mociones «a favor». Es conveniente que cada participante se ponga en situación interior de que este es el resultado de la elección y buscar razones para ello.

5. Puesta en común en grupo de lo experimentado «a favor» de la propuesta. No hay debate ni diálogo, simplemente escucha. Se deja un tiempo para acoger todo lo escuchado sobre las razones «a favor». Se toma nota.

6. Oración personal para tomar ante el Señor la propia decisión, a partir de lo pensado, orado y escuchado. Se toma conciencia de la propia disponibilidad y apertura de cada uno para buscar lo mejor desde el Señor.

7. Por medio de una ronda, se pone en común la decisión de cada uno. Si hay unanimidad, se acepta la decisión común. Si no la hay, se acudirá a lo ya decidido en el punto 1.a) para ese caso. También se podría buscar elaborar una decisión de consenso. Con frecuencia en los sínodos se busca una mayoría de dos tercios.

8. Confirmación de la decisión. Se trata de reposar, a través de un tiempo personal de oración, el proceso seguido para confirmar la decisión tomada. Después se pone en común. Se comparten las confirmaciones encontradas, los sentimientos y mociones que la

confirman[13]. Posteriormente, la autoridad de quien depende la decisión (en su caso) acoge el resultado y procede según lo establecido.

---

[13] Si hay necesidad, porque el tema es muy complejo, es posible repetir la ronda «a favor» y «en contra».

Algunos textos bíblicos que pueden ayudar a profundizar en los trabajos de grupos[14]

Jesús conversa con muchas personas por el camino. Lo hace en diferentes circunstancias y distintas razones: atraer, acompañar, introducir en la oración, formar, misericordiar, sanar...

Juan 1,36-39. Uno de los primeros encuentros de Jesús con sus discípulos, interesados por saber dónde vivía el Señor. Toda la tarde se quedaron en su casa conversando con él.

Mateo 6,9-13. Jesús enseña a sus discípulos cómo orar, y lo hace con el «Padre nuestro», que incluye una conversación con Dios.

Lucas 9,18-24. Por el camino, Jesús, en diálogo con sus discípulos, les hace descubrir la novedad de su persona: su ser de enviado, de Hijo de Dios.

Juan 3,1-21. El fariseo Nicodemo visita a Jesús en la noche para aprender más acerca de sus enseñanzas. Jesús aprovecha y conversa con él sobre la necesidad de nacer de nuevo, del Espíritu.

---

[14] También se pueden encontrar hojas de oración para acompañar la conversación en el Espíritu en: M. Bacq, (et une équipe ESDAC), *op. cit.,* 223-256.

Lucas 19,1-10. Jesús toma la iniciativa y elige a Zaqueo para compartir una comida en su casa, de la que resulta la conversión del recaudador de impuestos.

Mateo 15,21-28. La conversación con esta mujer siriofenicia le abre a Jesús a una nueva realidad, al ayudarle a cambiar la comprensión que hasta ese momento tenía de su misión.

Juan 4,1-42. El diálogo de Jesús con la samaritana le ayuda a esta a experimentar su sed y descubrir la fuente de agua viva que le habita.

Juan 11,7-16. Jesús comparte con sus discípulos la conveniencia de trasladarse hasta la casa de su amigo Lázaro, que acaba de morir.

Lucas 24,13-35. Jesús resucitado se encuentra con dos de sus discípulos que caminan desolados, de vuelta a su vida anterior. La conversación con el Señor les hace reconocerlo vivo, en medio de ellos y les llena de gozo.

Juan 21,15-23. Pedro todavía necesita que Jesús lo confirme en el amor para entregarle la misión del cuidado de su rebaño. Para eso Jesús lo llama aparte y conversa con él.

Jesús también se encuentra con resistencias, con actitudes que dificultan o bloquean

Juan 8,3-11. El pasaje de Jesús y la mujer sorprendida en adulterio nos presenta cómo los escribas y fariseos no son sinceros y transparentes en su encuentro con Jesús. Su ideología les hace estar blindados al amor y a la oferta que Jesús les hace de descubrir en sí mismos su ser de pecadores.

Lucas 22,24-26. El conflicto se genera en el grupo cuando se da en algunos la pretensión de poder o ser considerados más importantes que los demás. Cada uno se centra en sus intereses. Jesús les muestra el camino y las actitudes para la comunión.

Marcos 12,13-14. En la discusión de Jesús con los fariseos acerca del pago de impuestos al César se nota la falsedad y la hipocresía en las palabras de estos últimos.

Juan 6,48-58. Jesús comparte con sus oyentes su identidad como Pan vivo bajado del cielo, capaz de dar vida al mundo. Esto causa profundo rechazo en los que están con él. No lo acogen. El peso de las tradiciones, la ley, la dureza de juicio se lo impide.

Los diálogos de María

Lucas 1,26-38. Encuentro del ángel Gabriel que visita a María y le anuncia que va a concebir y dar a luz al Hijo de Dios. María responde con preguntas y acepta gozosa el mensaje del ángel.

Lucas 1,39-56. María e Isabel conversan felices al experimentar la acción compasiva y fiel de Dios en sus vidas y en la vida de su pueblo.

Encuentros de Pablo en la comunidad

Hechos 15,6. Pablo y Bernabé son convocados en Jerusalén para deliberar con los apóstoles la novedad de la presencia de los gentiles en la Iglesia.

1 Corintios 12,4-7. Pablo nos habla de la diversidad de dones y de la existencia de un único Espíritu, que se manifiesta para el bien común de todos. En la conversación en el Espíritu, el Espíritu Santo es el verdadero protagonista.

1 Corintios 12,12-26. Pablo nos presenta la imagen de la Iglesia como un cuerpo con muchas partes.

Dios mismo se acerca a sus amigos

Génesis 18,22-33. En este pasaje, Abrahán tiene una conversación con Dios sobre la destrucción de Sodoma y Gomorra, e intercede por la salvación de la ciudad.

Éxodo 3,1-15. Conversación entre Dios y Moisés. Dios habla a Moisés desde una zarza ardiente, le revela su nombre y le asigna la misión de liberar a los israelitas de la esclavitud en Egipto.

Job 38–42. Estos capítulos narran una serie de conversaciones entre Job y Dios, donde Job hace preguntas y Dios le responde, revelando su grandeza y sabiduría.

Malaquías 3,16. Los que temen al Señor conversan entre sí y el Señor los escucha.

Bibliografía citada

ARANA, Germán, «La conversación espiritual instrumento apostólico privilegiado de la Compañía»: *Revista de Espiritualidad Ignaciana* (2005), 1-32, en: https://bit.ly/3JR0Pbm

ARISTÓTELES, Ética a Nicómaco, Centro de Estudios Políticos y Constitucionales, Madrid 2009.

BACQ, Michel (et une équipe ESDAC), *Pratique du discernement en commun*, Lessius, Bruxelles 2022.

BASILIO DE CESAREA, *El Espíritu Santo*, Ciudad Nueva, Madrid 1996.

CASIANO, Juan, *Colaciones*, vols. I y II, Rialp, Madrid 2019.

CATALÁ, Toni y BONÉ, Ignacio, «Disposiciones personales ante el discernimiento comunitario»: *Manresa* 90 (2018), 49-62.

COMISIÓN TEOLÓGICA INTERNACIONAL, *La sinodalidad en la vida y en la misión de la Iglesia*, en: https://bit.ly/3PR5pdn

_____, *El sensus fidei en la vida de la Iglesia*, en: https://bit.ly/44L5H9E

COMPAÑÍA DE JESÚS, *Congregación General 36*, Mensajero, Bilbao 2017.

CONCILIO VATICANO II, *Constitución dogmática sobre la Iglesia, Lumen gentium*, en: https://bit.ly/3K1RHk3

_____, *Constitución pastoral sobre la Iglesia en el mundo actual, Gaudium et spes,* en: https://bit.ly/3Ey61x4

ESDAC, *Welcoming and building communion together, manual for facilitators*, mimeo, Roma 2016.

FARES, Diego, SJ, «Contro il trionfalismo e la mondanità spirituale»: *La Civiltà Cattolica* (2021), 313-327.

GALLI, Carlos M., «Líneas teológicas, pastorales y espirituales del magisterio del papa Francisco»: *Medellín* (2017), 95-158.

GARCÍA DE CASTRO, José, *La voz de tu saludo, acompañar, conversar, discernir*, Sal Terrae, Santander 2019.

GUILLÉN, Antonio T., «Los engaños del discernimiento»: *Manresa* 82 (2010), 15-25.

HAUSHERR, Irénée, *La direction spirituelle en Orient autrefois*, Pont. Institutum Orientalium, Roma, 1955.

JANIN, Frank, «Discernir Juntos en grupos pequeños»: *Manresa* 94 (2022), 61-70.

JESUITAS, PROVINCIA DE España, *Discernimiento en común, una guía práctica*, en: https://bit.ly/43kUBaB

JESUITS OF CANADA, *Communal Apostolic Discernment. A Toolkit*, en: https://bit.ly/3XMYRhV

JIMÉNEZ, Cristóbal, «El discernimiento apostólico en común. Entrevista a José Antonio García»: *Manresa* 90 (2018), 27-37.

LASCH, Christopher, *La rebelión de las élites y la traición a la democracia*, Paidós, Barcelona 1996.

LUCIANI, Rafael, ««El reto del tercer milenio: una iglesia en clave sinodal». Conferencia en la academia de líderes católicos 11 de marzo de 2023», en: https://bit.ly/3pLAxjK

MADRIGAL, Santiago, SJ, *Conferencias episcopales para una Iglesia sinodal*, Sal Terrae, Santander 2020.

_____, «Qué es el camino sinodal. La visión del papa Francisco»: *La Civiltà Cattolica* (2021) s/p, en: https://bit.ly/3Ogr0KV

Monumenta Ignaciana, Series Tertia, I.

NAIM, Moisés, *La revancha de los poderosos. Cómo los autócratas están reinventando la política del siglo XXI*, Debate, Barcelona 2022.

NEPPER, Marius, «Conversation spirituelle», en *Dictionnaire de spiritualité, ascetique et mystique*, t. II/2, Beauchesne, Paris 1953, 2212-2218.

OLDENBURG, Ray, *The great good place: cafes, coffee shops, community centers, beauty parlors, general stores, bars, hangouts and how they get you through the day*, Marlowe and Co., New York, 1997[2].

PAPA FRANCISCO, «Discurso a los miembros de la Comisión Teológica Internacional, 6 de diciembre de 2013, en: https://bit.ly/3NJymVK

_____, «Discurso con ocasión del momento de reflexión para el inicio del recorrido sinodal, 9 de octubre de 2021», en: https://bit.ly/3XT1T4i

_____, «Discurso en la conmemoración del 50 aniversario de la institución del Sínodo de los Obispos, 17 de octubre de 2015», en: https://bit.ly/3roE73L

_____, *El poder de la escucha*, Ciudad Nueva, Madrid 2023.

_____, *Exhortación apostólica Evangelii gaudium*, en: https://bit.ly/3rnfMLD

_____, «Homilía de la solemnidad de Pentecostés, 28 de mayo de 2023», en: https://bit.ly/44G5vJ4

_____, «Homilía en la Basílica de san Pedro, 10 de octubre de 2021», en: https://bit.ly/3XWhSi0

Rahner, Karl, *Lo dinámico en la Iglesia*, Herder, Barcelona 1963.

Rawls, John, *Teoría de la justicia*, FCE, México 1985.

Restrepo, Darío, *Diálogo, comunión en el espíritu, la conversación espiritual según S. Ignacio de Loyola 1521-1556*, CIRE, Bogotá 1975.

San Ignacio de Loyola, *Autobiografía*, en: *Obras completas*, BAC, Madrid 1977.

_____, «Carta a sor Teresa Rejadell, de 18 de junio de 1536, en: *Monumenta Historica Societatis Iesu*, *Epp*. I, 99-107.

_____, *Ejercicios espirituales*, en: *Obras completas*, BAC, Madrid 1977.

Santa Teresa de Jesús, *Camino de perfección*, en: *Obras completas*, BAC, Madrid 2012.

_____, *Libro de la Vida*, en: *Obras completas*, BAC, Madrid 2012.

Secretaría del Sínodo de los Obispos, *Documento preparatorio de la XVI Asamblea General Ordinaria del Sínodo de los Obispos: Por una Iglesia sinodal: comunión, participación y misión*, 7 de septiembre de 2021», en: https://bit.ly/43qA8RH

_____, *Instrumentum laboris de la XVI Asamblea General Ordinaria del Sínodo de los Obispos*, 20 de junio de 2023, en: https://bit.ly/3pUhy6B

_____, *Instrumentum laboris para la segunda sesión de la XVI Asamblea General Ordinaria del Sínodo de los Obispos. Cómo ser una Iglesia sinodal misionera* (octubre de 2024), en: https://loyol.ink/bo46c

_____, *Por una Iglesia sinodal: comunión, participación y misión. Vademécum para el Sínodo sobre la sinodalidad* (septiembre de 2021), en: https://bit.ly/3XNRerw

_____, *Documento final de la segunda sesión: Por una Iglesia sinodal: comunión, participación, misión*, https://loyol.ink/gdied

_____, *Pistas para la fase de implementación del Sínodo 2025-2028*, en https://loyol.ink/ghvcb

SEGUNDO Juan Luis, *El hombre de hoy ante Jesús de Nazaret*, Cristiandad, Madrid 1982.

TORNOS, Andrés, «Fundamentos bíblico-teológicos del discernimiento: *Manresa* 60 (1988), 319-329.

_____, «Voces mudas de la cultura entre los ejercitantes de hoy»: *Manresa* 70 (1998), 129-147.

URÍBARRI, Gabino, «Tres cristianismos insuficientes: emocional, ético y de autorrealización: Una reflexión sobre la actual inculturación del cristianismo en Occidente»: *Estudios Eclesiásticos* 78 (2003), 301-331.

Índice general